ASUKA CULTURE

音声DL
付き

ポルトガル語が
1週間で

いとも簡単に
話せる

ようになる
本

あなたもこれで
話せる！

浜岡 究
Kiwamu Hamaoka

ア

明日香出版社

はじめに

Bom dia.（こんにちは）

　本書は「ポルトガル語を知ればもっと楽しくなるはず」「ブラジルの人たちとコミュニケーションを取れるようになりたい」という初心者のためのブラジルのポルトガル語の本です。

　7日間にわたり、ポルトガル語の文字、発音、基本の言葉、基本構文（肯定文、否定文、疑問文）など、ポルトガル語の基本を学習していきましょう。

　本書の1日目の文字、発音、基本の言葉、および2〜7日目のフレーズ、巻末の基本単語（ジャンル別）を録音しており、音声をダウンロードして聴くことができます。音声はブラジルの発音です。ルビは補助ですので、参考になさってください。音声を繰り返し聴いて、発音やイントネーションに慣れていくことをおすすめします。

　本書は明日香出版社の『〇〇語が1週間でいとも簡単に話せるようになる本』のシリーズとして発行したものです。

　ブラジルをはじめ、ポルトガル語話者と交流するとき、旅行や仕事などで現地を訪れたときに、本書がお役に立つと幸いです。

浜岡究

目　次

はじめに
本書の構成

1日目　ポルトガル語について

5日目　助動詞などの使い方

6日目　疑問詞のある文

7日目　　会話　実践編

カバーデザイン　株式会社ヴァイス　目黒眞

本文デザイン　　末吉喜美

本文イラスト　　たかおかおり

本書の構成

1日目

文字、発音、基本の言葉などについて解説しています。

2～6日目

それぞれ見開き2ページ構成で、最初に「基本構文」、そして「基本フレーズ」を紹介しています。「ポイント解説」で基本的な文法を説明しています。「基本構文を使って言ってみよう」では、単語を入れ替えて、いろいろな表現を学ぶことができます。

7日目

実践編として、交流、食事、ショッピングなどのシーンで使える会話フレーズを紹介しています。

付録

基本単語をジャンル別にまとめています。

音声ダウンロードについて

本書の下記の部分を録音しています。

1日目では、文字、母音、子音、「基本の言葉」の単語を読んでいます。2～6日目の「基本フレーズ」「基本構文を使って言ってみよう」、7日目の各フレーズ、および付録の「基本単語」を「日本語→ポルトガル語」の順に読んでいます。

小社HPより音声をダウンロードできます。
https://www.asuka-g.co.jp

＜パソコンの場合＞

小社HPの「本をさがす」→「音声ダウンロード一覧」→「音声ファイル提供書籍一覧」から本書を選択。

＜スマートフォンの場合＞

小社HP（メニュー）の「本をさがす」→「ジャンル　メニュー」→「音声ダウンロード一覧」→「音声ファイル提供書籍一覧」から本書を選択。

※音声の再生にはMP3ファイルを再生できる機器などが必要です。ご使用の機器、音声再生ソフト等に関する技術的なご質問・お問い合わせはハードメーカーもしくはソフトメーカーにお願いいたします。

1日目

ポルトガル語について

☆　ポルトガル語の文字

ポイント解説

アルファベットは 26 文字あります。

A	a	N	n
B	b	O	o
C	c	P	p
D	d	Q	q
E	e	R	r
F	f	S	s
G	g	T	t
H	h	U	u
I	i	V	v
J	j	W	w
K	k	X	x
L	l	Y	y
M	m	Z	z

●ポルトガル語の文字の特徴

1 特殊文字

ç［セー・セジーリャ］があります。

例 Iguaçu「イグアス（の滝）」

çはアルファベットには含まれません。

2 複合文字

2つの文字で「1つの音」を表します。

ch	日本語の「シャ、シュ、ショ」に近い音声になります。 　　例　chamar「呼ぶ」
nh	日本語の「ニャ、ニュ、ニョ」に近い音声になります。 　　例　cafezinho「エスプレッソコーヒー」
lh	日本語の「リャ、リュ、リョ」に近い音声になります。 　　例　orelha「耳」

3 つづり字記号

次のような記号を文字につけて使うことがあります。

アクセントをつけます。

ã	鼻音を表します。　　例　São Paulo「サンパウロ」
ê	閉口音を表します。　　例　português「ポルトガル語」
á	強勢音を表します。　　例　água「水」
à	前置詞aと定冠詞などのaが重なっている文法上の記号です。

☆ ポルトガル語の母音、子音

●ポルトガル語の母音

1 単母音

a, e, i, o, u の中で、e と o には広い音と狭い音の 2 種類があります。

ポルトガル語の母音は 7 つあることになります。

a	/ a /	例	c<u>a</u>sa	「家」
é	/ ɛ /	例	s<u>é</u>timo	「第七番目の」
ê	/ e /	例	portugu<u>ê</u>s	「ポルトガル語」
i	/ i /	例	<u>i</u>dade	「年齢」
ó	/ ó /	例	av<u>ó</u>	「祖母」
ô	/ ô /	例	av<u>ô</u>	「祖父」
u	/ u /	例	<u>ú</u>mido	「湿った」

2　二重母音

　母音（a・e・i・o・u）が2つ続いているものを二重母音と言います。二重母音は -i または -u で終わり、1つの母音と同等として、ひと息で発音します。

ai	/ aj /	例　p<u>ai</u>　　「父」
au	/ aw /	例　m<u>au</u>　　「悪い」　など。

3　鼻母音

　鼻母音は、母音を発音しながら、鼻からも息が抜けるように発音します。単鼻母音と二重鼻母音があります。

（1）単鼻母音
　語末が -m や -n であったり、次に子音が続く場合があります。

om, on	/ õ /	例　b<u>om</u>　　「よい」

（2）二重鼻母音

ui	/ ũj /	例　m<u>ui</u>to　「とても」

●ポルトガル語の子音

1 特に注意を要する子音

t	/ t /	ta te ti to tu 例 noite「夜」
d	/ d /	da de di do du 例 verde「緑の」

　語末の -te, -de は、アクセントがなければ noite, verde の
ように / ti /, / di / となります。

　語頭の ti-, di- についても、tia「おば」、dia「日」のように
同様です。

2 その他の子音

q	/ ke /	qua que qui quo 例 quase「ほとんど」
c	/ k /	ca (que) (qui) co cu 例 casar「結婚する」
ç	/ s /	ça (ce) (ci) ço çu 例 começar「始める」

gu	/ gw / gua gue gui guo 例 linguiça「腸詰め」
l	/ l / la le li lo lu 例 leite「ミルク」 ※音節末にきた l は |ɦ| の音になります。 　　　例 Brasil「ブラジル」 　　　　 alto「高い」
r	/ r / ra re ri ro ru 例 caro「値段が高い」 ※語頭、-rr- および n, s, l の後の r は、日本語のハ行の強い音 / x / になります。 　　　例 relógio「時計」 　　　　 tenro「やわらかい」 　　　　 carro「車」
s	/ s / sa se si so su ※母音と母音の間の -s- や有音子音の前は / z / になります。 　　　例 gostoso「おいしい」 　　　　 mesmo「同じ」 ※ -ss- は / s / です。 　　　例 sucesso「成功」

z	/z/ za ze zi zo zu
	例 zangado「怒った」
	※語末の z は / s / になります。
	例 arroz「米、ライス」
x	/ʃ/ xa xe xi xo xu
	例 xarope「シロップ」
	※ x は単語によって / s /, / z /, / ks / の音があります。
h	ha he hi ho hu
	※語頭の h は発音しません。
	例 hotel「ホテル」

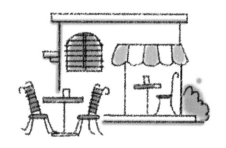

☆　アクセント

1　a, e, o で終わる語

　　最後から２つ目の音節にアクセントがあります。

　　　例　mapa「地図」

2　1以外は、最後の音節にアクセントがあります。

　　　例　falar「話す」
　　　　　aqui「ここ」

3　1と2以外は、アクセントの記号がつきます。

　　　例　máquina「機械」

☆ 人称代名詞

・・・ **ポイント解説** ・・・・・・・・・・・・・・・・・・・・・・・・・

　ポルトガル語では、会話で用いられるものや、書き言葉で用いられるもの、1人称複数や2人称が3人称の動詞活用につながるものがあります。

＜単数形＞

1人称	<ruby>私<rt>わたし</rt></ruby>	eu	エウ
2人称	<ruby>君<rt>きみ</rt></ruby>・あなた	tu	トゥ
	※ブラジル南部地域の他、ヨーロッパ・ポルトガル語において使用されます。		
3人称	<ruby>彼<rt>かれ</rt></ruby>	ele	エーリ
	<ruby>彼女<rt>かのじょ</rt></ruby>	ela	エーラ
	あなた	você	ヴォセー
	※3人称単数の動詞活用とともに使用されます。		
	<ruby>私<rt>わたし</rt></ruby>たち	a gente	ア　ジェンチ
	※話し言葉で3人称単数の動詞活用とともに使用されます。		

＜複数形＞

1人称	私<ruby>たち<rt>わたし</rt></ruby>	nós	ノース
		※ブラジルでは主に書き言葉で使用されます。	
3人称	彼<ruby>ら<rt>かれ</rt></ruby>	eles	エーリス
	彼女<ruby>ら<rt>かのじょ</rt></ruby>	elas	エーラス
	あなたたち	vocês	ヴォセース
		※3人称複数の動詞活用とともに使用されます。	

☆ 数字の読み方

ポイント解説

ポルトガル語の数字の表記は、アラビア数字と同様です。

0	zero	ゼーロ
1	um / uma	ウン／ウーマ
	※ um は男性名詞に、uma は女性名詞につく。	
2	dois / duas	ドイス／ドゥアス
	※ dois は男性名詞に、duas は女性名詞につく。	
3	três	トゥレース
4	quatro	クアトロ
5	cinco	シンコ
6	seis	セイス
7	sete	セッチ
8	oito	オイト
9	nove	ノーヴィ
10	dez	デース

11	onze	オンジ
12	doze	ドージ
13	treze	トゥレージ
14	quatorze	クアトルジ
15	quinze	キンジ
16	dezesseis	デゼセイス
17	dezessete	デゼセッチ
18	dezoito	デゾイト
19	dezenove	デゼノーヴィ
20	vinte	ヴィンチ
30	trinta	トゥリンタ
40	quarenta	クアレンタ
50	cinquenta	シンクエンタ
60	sessenta	セセンタ
70	setenta	セテンタ
80	oitenta	オイテンタ
90	noventa	ノヴェンタ

100	cem	セン
200	duzentos	ドゥゼントス
300	trezentos	トゥレゼントス
400	quatrocentos	クアトロセントス
500	quinhentos	キニェントス
600	seiscentos	セイスセントス
700	setecentos	セチセントス
800	oitocentos	オイトセントス
900	novecentos	ノヴェセントス

例えば「25」は vinte **e** cinco［ヴィンチ　イ　シンコ］(20 と 5)
と言います。「30」以上も同じ要領です。

「101」から「199」までの場合は cento e ... と言います。

1000	mil	ミウ
2000	dois mil	ドイス　ミウ
3000	três mil	トゥレス　ミウ

☆ 序数

形容詞と用いられるときは、性数変化があります。

第1の	primeiro	プリメイロ
第2の	segundo	セグンド
第3の	terceiro	テルセイロ
第4の	quarto	クアルト
第5の	quinto	キント
第6の	sexto	セスト
第7の	sétimo	セッチモ
第8の	oitavo	オイターヴォ
第9の	nono	ノーノ
第10の	décimo	デッシモ

ちなみに「次の」は próximo [プロッシモ]、あるいは seguinte [セギンチ] と言います。

☆　時間の言い方

ポイント解説

「〜時…分」は「〜 hora(s) e minuto(s)」と言います。
_{オーラ(ス)　イ　ミヌート(ス)}

●時間

1時	uma hora	ウーマ　オーラ
2時	duas horas	ドゥアス　オーラス
3時	três horas	トゥレス　オーラス
4時	quatro horas	クアトロ　オーラス
5時	cinco horas	シンコ　オーラス
6時	seis horas	セイス　オーラス
7時	sete horas	セッチ　オーラス
8時	oito horas	オイト　オーラス
9時	nove horas	ノーヴィ　オーラス
10時	dez horas	デース　オーラス
11時	onze horas	オンジ　オーラス
12時	doze horas	ドージ　オーラス

●朝、昼、夜

朝 あさ	manhã	マニャン
昼 ひる	tarde	タルジ
夜 よる	noite	ノイチ

＜食事＞

朝食 ちょうしょく	café da manhã	カフェー　ダ　マニャン
	※ヨーロッパのポルトガル語では、pequeno-almoço［ペッケーノ　アルモッソ］と言います。	
昼食 ちゅうしょく	almoço	アウモッソ
夕食 ゆうしょく	jantar	ジャンタール

27

☆　月・曜日などの言い方

●月

1月	janeiro	ジャネイロ
2月	fevereiro	フェヴェレイロ
3月	março	マルソ
4月	abril	アブリウ
5月	maio	マイオ
6月	junho	ジューニョ
7月	julho	ジューリョ
8月	agosto	アゴスト
9月	setembro	セテンブロ
10月	outubro	オウトゥブロ
11月	novembro	ノヴェンブロ
12月	dezembro	デゼンブロ

●曜日

月曜日 _{げつよう び}	a segunda-feira	ア セグンダ　フェイラ
火曜日 _{か よう び}	a terça-feira	ア テルサ　フェイラ
水曜日 _{すいよう び}	a quarta-feira	ア クアルタ　フェイラ
木曜日 _{もくよう び}	a quinta-feira	ア キンタ　フェイラ
金曜日 _{きんよう び}	a sexta-feira	ア セスタ　フェイラ
土曜日 _{ど よう び}	o sábado	オ サバド
日曜日 _{にちよう び}	o domingo	オ ドミンゴ

●四季

春 _{はる}	a primavera	ア プリマヴェーラ
夏 _{なつ}	o verão	オ ヴェラウン
秋 _{あき}	o outono	オ オウトーノ
冬 _{ふゆ}	o inverno	オ インヴェルノ

☆ 年・月・週・日の言い方

・・・ **ポイント解説** ・・・・・・・・・・・・・・・・・・・・・・・・・・・・

　「年」「月」「週」「日」は、ポルトガル語でそれぞれ「o ano」
「o mês」「a semana」「o dia」と言います。

●年、月

こ とし 今年	este ano	エスチ　アーノ
きょねん 去年	o ano passado	オ　アーノ　パッサード
らいねん 来年	o ano que vem	オ　アーノ　キ　ヴェン

こんげつ 今月	este mês	エスチ　メス
せんげつ 先月	o mês passado	オ　メス　パッサード
らいげつ 来月	o mês que vem	オ　メス　キ　ヴェン

●週、日

今週 <small>こんしゅう</small>	esta semana	エスタ　セマナ
先週 <small>せんしゅう</small>	a semana passada	ア　セマナ　パッサーダ
来週 <small>らいしゅう</small>	a semana que vem	ア　セマナ　キ　ヴェン

今日 <small>きょう</small>	hoje	オージ
昨日 <small>きのう</small>	ontem	オンテン
明日 <small>あす</small>	amanhã	アマニャン

☆ 方向、位置

●方向

東	leste	レスチ
西	oeste	オエスチ
南	sul	スウ
北	norte	ノルチ

●位置

上	cima	シーマ
下	baixo	バイショ
右	direita	ジレイタ
左	esquerda	エスケルダ

2日目

基本構文（1）

> **基本構文**
> A は B です。
> 主語 A（人）＋ 動詞 ＋ 補語 B〔名詞〕

・・・ **基本フレーズ** ・・・・・・・・・・・・・・・・・・・・・・・

Eu sou estudante.

エウ　ソウ　エストゥダンチ

<ruby>私<rt>わたし</rt></ruby>は<ruby>学生<rt>がくせい</rt></ruby>です。

・・・ **ポイント解説** ・・・・・・・・・・・・・・・・・・・・・・・

動詞 ser（英語の to be）

　主語の属性が恒常的である場合、その状態を示すには動詞 ser を用います。主語は 1 人称「私は」の場合、不定詞 ser は sou となります。したがって【Eu sou ＋名詞】となります。主語が 3 人称の場合、動詞 ser は é となります。

注：国籍や職業を表す場合には、冠詞は通常、つけません。

ポルトガル語の性

　ポルトガル語の名詞には男性と女性がありますので、「日本人男性」japonês と「日本人女性」japonesa と区別します。「自動車」carro は男性、「家」casa は女性などと文法性があります。

　注：「学生」estudante のように -e で終わる語のように例外はありますが、基本的に carro のように、-o で終わるのが男性で、casa のように、-a で終わるのが女性です。

＜構文＞

主語		動詞		名詞
Eu	＋	sou	＋	estudante .
私		〜です		学生

　　「私は学生です」

1 私は日本人です。　　　Eu sou japonês.〔男性〕
エウ　ソウ　ジャポネース

私は日本人です。　　　Eu sou japonesa.〔女性〕
エウ　ソウ　ジャポネーザ

2 私は会社員です。　　　Eu sou funcionário de
エウ　ソウ　フンシオナリオ　ジ

companhia.〔男性〕
コンパニーア

3 私は山田香織と申します。　Eu sou Kaori Yamada.
（私は山田香織です。）　エウ　ソウ　カオリ　ヤマダ

4 彼は教員です。　　　Ele é professor.〔男性〕
エーリ　エ　プロフェソール

5 彼女はサンパウロ出身です。Ela é de São Paulo.
エーラ　エ　ジ　サウン　パウロ

単語の解説

□ eu：私
エウ

□ estudante：学生
エストゥダンチ

□ japonês：日本人〔男性〕
ジャポネース

□ japonesa：日本人〔女性〕
ジャポネーザ

□ funcionário de companhia：
フンシオナリオ　ジ　コンパニーア
会社員

□ ele：彼
エーリ

□ professor：教員〔男性〕
プロフェソール
　※ professora：教員〔女性〕

□ ela：彼女
エーラ

□ é de ～：（彼・彼女は）～出
エ　ジ
　身です
　※「私は～出身です」は Eu sou
　de ～.

□ São Paulo：サンパウロ
サウン　パウロ

35

> **基本構文** A は B です。
> 主語 A（物など）＋ 動詞 ＋ 補語 B〔名詞〕

・・ **基本フレーズ** ・・・・・・・・・・・・・・・・・・・・・・・

Este é o presente.
エスチ　エ オ　　プレゼンチ

これはプレゼントです。

・・ **ポイント解説** ・・・・・・・・・・・・・・・・・・・・・・・

ポルトガル語の冠詞

　英語の the に相当する**定冠詞**（「それ」と限定する）は、男性名詞につく場合は o、女性名詞につく場合は a です。それぞれ複数形は os と as です。

　英語の a と an に相当する**不定冠詞**（「何か」「ある」などと限定しない）は、男性名詞につく場合は um、女性名詞につく場合は uma です。それぞれ複数形は uns と umas です。

性数の一致

　指示詞を例にすると、指示詞は名詞の性数に一致するので変化があります。男性名詞〔単数〕を指すときは「これ」este、女性名詞〔単数〕を指すときは esta となります。名詞が男性〔複数〕だと「これら」estes、女性〔複数〕だと estas となります。

＜構文＞

主語		動詞		名詞
Este	+	é	+	o presente .
これ		〜です		プレゼント

　「これはプレゼントです」

1 これは私のパスポートです。

Este é o meu passaporte.
エスチ　エ　オ　メウ　　　パサポルチ

・・・・・・・・・・・・・・・・・・・・・・・・・・・・・・・・・・・・・

2 これは彼の電話番号です。

Este é o seu numero de telefone.
エスチ　エ　オ　セウ　ヌメロ　　ジ　テレフォネ

・・・・・・・・・・・・・・・・・・・・・・・・・・・・・・・・・・・・・

3 これは私のEメールアドレスです。

Este é o meu endereço de e-mail.
エスチ　エ　オ　メウ　エンデレッソ　ジ　イーメーユ

・・・・・・・・・・・・・・・・・・・・・・・・・・・・・・・・・・・・・

4 これはブラジル銀行です。

Este é o Banco do Brasil.
エスチ　エ　オ　バンコ　ド　ブラジウ

・・・・・・・・・・・・・・・・・・・・・・・・・・・・・・・・・・・・・

5 私の名前はタロウです。

O meu nome é Taro.
オ　メウ　ノーミ　エ　タロウ

単語の解説

□ este：これ
　※名詞が女性であれば esta
□ presente：プレゼント
□ passaporte：パスポート
□ meu：私の
　※名詞が女性であれば minha
□ numero de telefone：電話番号

□ seu：彼の／彼女の／あなたの
□ endereço de e-mail：Eメールアドレス
□ banco：銀行
□ nome：名前
□ do：〜の〔de〔英語の of〕＋名詞に付く定冠詞 o の縮約〕

37

> **基本構文**
>
> A は B ではありません。
>
> 主語 A（人）＋ não ＋ 動詞 ＋ 補語 B〔名詞〕

・・・ **基本フレーズ** ・・・・・・・・・・・・・・・・・・・・・・・・・・・・・・

Eu não sou estudante.

エウ　ナウン　ソウ　エストゥダンチ

私は学生ではありません。

・・・ **ポイント解説** ・・・・・・・・・・・・・・・・・・・・・・・・・・・・・・

否定文

　否定文は動詞の前に não［ナウン］を置きます。英語のように動詞の後ろに置きませんので、注意が必要です。

「はい」「いいえ」の「いいえ」と同じです。
「はい」は sim［シン］、「いいえ」は não［ナウン］です。

＜構文＞

主語		動詞	名詞
Eu	não	sou	estudante .
私	～でない	～です	学生

　　　「私は学生ではありません」

1 私はブラジル人ではありません。

Eu não sou brasileiro. 〔男性〕
エウ　ナウン　ソウ　ブラジレイロ

2 私は日本人ではありません。

Eu não sou japonês. 〔男性〕
エウ　ナウン　ソウ　ジャポネス

3 彼は医者ではありません。

Ele não é médico. 〔男性〕
エーリ ナウン エ　メジコ

4 彼女はマリアさんではありません。

Ela não é Maria.
エーラ ナウン　エ　マリア

5 私たちは韓国人ではありません。

A gente não é coreano. 〔男性〕
ア ジェンチ ナウン エ　コレアーノ

単語の解説

□ eu：私

□ estudante：学生

□ brasileiro：ブラジル人〔男性〕
　※ brasileira：ブラジル人〔女性〕

□ japonês：日本人〔男性〕
　※ japonesa：日本人〔女性〕

□ ele：彼

□ médico：医者〔男性〕
　※ médica：医者〔女性〕

□ ela：彼女

□ a gente：私たち
　※続く動詞は3人称単数、補語
　　は男性単数。

□ coreano：韓国人〔男性〕
　※ coreana：韓国人〔女性〕

> **基本構文**
>
> A は B ではありません。
>
> 主語 A（物など）＋ não ＋ 動詞 ＋ 補語 B〔名詞〕

・・・ **基本フレーズ** ・・・・・・・・・・・・・・・・・・・・・・・・・・・・

Este não é o presente.

エスチ　ナウン エ　オ　プレゼンチ

これはプレゼントではありません。

・・・ **ポイント解説** ・・・・・・・・・・・・・・・・・・・・・・・・・・・・

否定文

　否定文は動詞の前に não［ナウン］を置きます。英語のように動詞
の後ろに置きませんので、注意が必要です。

＜構文＞

主語		動詞		名詞
Este	+ não	+ é	+	o presente .
これ	〜でない	〜です		プレゼント

　「これはプレゼントではありません」

1 これは私のカバンではありません。

Esta não é a minha mala.
エスタ　ナウン　エア　ミーニャ　マーラ

2 これは私の財布ではありません。

Esta não é a minha carteira.
エスタ　ナウン エア　ミーニャ　カルテイラ

3 ここはタクシー乗り場ではありません。

Aqui não é o ponto de táxi.
アキー　ナウン　エオ　ポント　ジ　タクシ

4 こちらは中国人ではありません。

Este não é chinês.
エスチ　ナウン　エ　シネス

5 私の名前はモニカではありません。

O meu nome não é Mônica.
オ　メウ　ノーミ　ナウン エ　モニカ

単語の解説

□ este：これ
　エスチ

□ presente：プレゼント
　プレゼンチ

□ mala：カバン
　マーラ

□ carteira：財布
　カルテイラ

□ ponto de táxi：タクシー乗り場
　ポント ジ タクシ
　※ヨーロッパのポルトガル語では
　praça de táxi〔プラッサ デ タクシ〕

□ chinês：中国人〔男性〕
　シネス
　※ chinesa：中国人〔女性〕

□ meu：私の
　メウ

□ nome：名前
　ノーミ

> 基本構文
>
> A は B ですか?
>
> 主語 A（人）＋ 動詞 ＋ 補語 B〔名詞〕?

··· **基本フレーズ** ·························

Você é estudante?

ヴォセー　エ　エストゥダンチ

あなたは学生_{がくせい}ですか?

··· **ポイント解説** ·························

疑問文

　疑問文は、文面上は文末に疑問符「?」を置くだけです。

　音声理論上は、文末の単語のアクセントのある音節を平叙文よりも強めに発声します。英語のように文末の音調を上げることはありません。アクセント記号がなければ、例外はありますが、後ろから2番目の音節にアクセントがあります。

　基本フレーズの、estudante の後ろから2番目の音節にアクセントがあります。「es.tu.*dan*.te」と、-dan- を平叙文よりも強く発声します。

　主語が単数「あなた」Você のときは動詞は é ですが、「あなたたち」Vocês と複数になると、43 ページ**5**のように動詞は são となります。

　名詞の複数形を作るには、例外はありますが、語尾に -s をつけます。

<構文>

主語		動詞		名詞	
Você	＋	é	＋	estudante	?
あなたは		〜です		学生	〜か?

　　　「あなたは学生ですか?」

1 あなたはブラジル人ですか？

Você é brasileira?〔女性〕

ヴォセー エ　ブラジレイラ

2 あなたは会社員ですか？

Você é funcionário de companhia?〔男性〕

ヴォセー エ　フンシオナリオ　ジ　　コンパニーア

3 彼は学生ですか？

Ele é estudante?

エーリ エ　エストゥダンチ

4 彼女はジュリアーナさんですか？

Ela é Juliana?

エーラ エ　ジュリアーナ

5 あなたたちは観光客ですか？

Vocês são turistas?

ヴォセース サウン トゥリスタス

単語の解説

□ Você：あなた
ヴォセー

□ estudante：学生〔男女同じ〕
エストゥダンチ

□ brasileira：ブラジル人〔女性〕
ブラジレイラ
※ brasileiro：ブラジル人〔男性〕

□ funcionário de companhia：
フンシオナリオ　ジ　コンパニーア
会社員〔男性〕
※ funcionária de companhia：
会社員〔女性〕

□ ela：彼女
エーラ

□ vocês：あなたたち
ヴォセース

□ são：動詞 ser の3人称複数
サウン

□ turistas：観光客〔複数形〕
トゥリスタス
※この単語は常に -a で終わる。

43

> **基本構文**
>
> A は B ですか?
>
> 主語 A (物など) + 動詞 + 補語 B〔名詞〕?

・・ **基本フレーズ** ・・・・・・・・・・・・・・・・・・・・・・・・・

Este é o presente?
エスチ　エ　オ　プレゼンチ

これはプレゼントですか?

・・ **ポイント解説** ・・・・・・・・・・・・・・・・・・・・・・・・・

疑問文

　疑問文は、文面上は文末に疑問符「?」を置くだけです。

　音声理論上は、文末の単語のアクセントのある音節を平叙文よりも強めに発声します。英語のように、文末の音調を上げることはありません。アクセント記号がなければ、例外はありますが、後ろから2番目の音節にアクセントがあります。

　基本フレーズの、presente の後ろから2番目の音節にアクセントがあります。「pre.*sen*.te」と、-sen- を平叙文よりも強く発声します。

＜構文＞

主語		動詞		名詞	
Este	+	é	+	o presente	?
これ		〜です		プレゼント	〜か?

　「これはプレゼントですか?」

1 これはあなたのパスポートですか？

Este é o seu passaporte?
エスチ　エ オ　セウ　　パサポルチ

....

2 これはあなたの財布ですか？

Esta é a sua carteira?
エスタ　エ ア スア　カルテイラ

....

3 これは彼のカバンですか？

Esta é a sua mala?
エスタ　エ ア スア　マーラ

....

4 ここは旅行会社ですか？

Aqui é a agência de viagens?
アキー　エ ア　アジェンシア ジ ヴィアージェンス

....

5 あなたのお名前はアナですか？

O seu nome é Ana?
オ　セウ　ノーミ　エ　アナ

```
単語の解説
```

□ este：これ、ここ
□ presente：プレゼント
□ passaporte：パスポート
□ seu：あなたの
注：後ろの名詞が女性であれ
ば sua となる。話者の性
には従わない。
□ carteira：財布

□ mala：カバン
□ aqui：ここ
□ agência de viagens：旅行会社
　※ agência de turismo とも言う。
□ nome：名前
注：seu や sua は「彼の、彼女の、あな
たの」などの意味があるので、「あ
なたの」を明確にするために2人称
所有詞 teu や tua が用いられること
がある。

45

3日目

基本構文（2）

> **基本構文**
>
> A は B です。
>
> 主語 A（人）＋ 動詞 ＋ 補語 B〔形容詞〕

・・・ **基本フレーズ** ・・・・・・・・・・・・・・・・・・・・・・・・

Eu estou feliz.
エウ　エストウ　フェリース

私は幸せです。

・・・ **ポイント解説** ・・・・・・・・・・・・・・・・・・・・・・・・

　一時的状態を表すとき、**動詞 estar** を用います。主語に従って活用（変化）しますので、1 人称単数「私は」eu のときは【Eu estou ...】となります。3 人称単数「彼は」ele、「彼女は」ela、「あなたは」você などのときは【Ele está ...】などとなります。

　動詞の後には、形容詞、過去分詞がつながります。

注：49 ページの**5**のように、**恒常的性格**を表すときは**動詞 ser** を用いますので、主語に従って、1 人称単数「私は」eu のときは【Eu sou ...】、3 人称単数「彼女」ela のときは【Ela é ...】となります。

＜構文＞

主語		動詞		形容詞
Eu	＋	estou	＋	feliz .
私		〜です		幸せ

　　「私は幸せです」

1 私は忙しいです。　　　Eu estou ocupado.〔男性〕
　　　　　　　　　　　　　エウ　エストウ　オクパード

2 私は元気です。　　　　Eu estou bem.
　　　　　　　　　　　　　エウ　エストウ　ベン

3 私は疲れています。　　Eu estou cansada.〔女性〕
　　　　　　　　　　　　　エウ　エストウ　カンサーダ

4 私はとてもうれしいです。Eu estou muito contente.
　　　　　　　　　　　　　エウ　エストウ　ムイント　コンテンチ

5 彼女はとてもきれいです。Ela é muito bonita.〔女性〕
　　　　　　　　　　　　　エーラ　エ　ムイント　ボニータ

単語の解説

□ eu：私

□ feliz：幸せ〔男女同じ形〕

□ ocupado：忙しい
　〔女性は ocupada〕

□ bem：元気な

□ cansada：疲れた
　〔男性は cansado〕

□ muito：とても

□ contente：うれしい
　〔男女同じ形〕

□ ela：彼女

□ bonita：きれいな
　〔男性は bonito〕

> **基本構文**
>
> A は B です。
> 主語 A (物など) + 動詞 + 補語 B〔形容詞〕

• • ▌ 基本フレーズ ▌• •

A chuva está forte.

ア　シューヴァ　エスター　フォルチ

雨が強いです。
<small>あめ　つよ</small>

• • ▌ ポイント解説 ▌• •

　一時的状態を表すとき、**動詞 estar** を用います。主語に従って活用（変化）しますので、1 人称単数「私は」eu のときは【Eu estou ...】となります。3 人称単数「彼は」ele、「彼女は」ela、「あなたは」você、また物などが主語のときは【Ele está ...】などとなります。

注：もともと「その海岸はきれい」などと、**恒常的な性格や状態**を表すときは、**動詞 ser** を用いますので、A praia é bonita. となります。ここで動詞 estar を用いて、A praia está bonita. と言うと、普段はあまりきれいでない印象があるけれども、今はきれいだという感じになる場合があります。51 ページの **1**と**4**と**5**が恒常的なので動詞 ser を用いています。

＜構文＞

主語		動詞		形容詞
A chuva	+	está	+	forte	.
雨		〜です		強い	

　　　「雨が強いです」

50

1 この食べ物はおいしいです。

Esta comida é gostosa.

エスタ　コミーダ　エ　ゴストーザ

- -

2 風が強いです。

O vento está forte.

オ　ヴェント　エスター　フォルチ

- -

3 （今日は）天気が良いです。

（Hoje）o tempo está bom.

オージ　オ　テンポ　エスター　ボン

- -

4 この本はおもしろいです。

Este livro é interessante.

エスチ　リヴロ　エ　インテレサンチ

- -

5 リオデジャネイロの景色がきれいです。

O panorama do Rio de Janeiro é bonito.

オ　パノラーマ　ド　ヒオ　ジ　ジャネイロ　エ　ボニート

単語の解説

□ chuva：雨
シューヴァ

□ forte：強い
フォルチ

□ esta：この
エスタ
　※後の名詞が男性であれば este

□ comida：食べ物
コミーダ

□ gostosa：おいしい
ゴストーザ
　※示す名詞が男性であれば
　　gostoso

□ vento：風
ヴェント

□ hoje：今日
オージ

□ tempo：天気
テンポ

□ livro：本
リヴロ

□ interessante：おもしろい
インテレサンチ

□ panorama：景色〔男性〕
パノラーマ

□ bonito：きれい
ボニート
　〔女性形は bonita〕

3日目

基本構文(2)

51

基本構文

A は B ではありません。

主語 A（人）＋ não ＋ 動詞 ＋ 補語 B〔形容詞〕

- - - **基本フレーズ** -

Eu não estou feliz.
エウ　ナウン　エストウ　フェリース

私は幸せではありません。

- - - **ポイント解説** -

否定文

　否定文は動詞の前に não［ナウン］を置きます。

注：53 ページの **4** と **5** が**恒常的性格**を表すので、**動詞 ser** を用いています。

＜構文＞

主語		動詞	形容詞
Eu	＋ não ＋	estou	＋ feliz ．
私	〜ない	〜です	幸せ

　　「私は幸せではありません」

1 私は忙しくありません。

Eu não estou ocupado. 〔男性〕
エウ　ナウン　エストウ　オクパード

2 私はお腹はすいていません。

Eu não estou com fome.
エウ　ナウン　エストウ　コン　フォーミ

3 私は疲れていません。

Eu não estou cansada. 〔女性〕
エウ　ナウン　エストウ　カンサーダ

4 彼は背が高くありません。

Ele não é alto.
エーリ　ナウン　エ　アウト

5 彼女はそんなに背が高くない。

Ela não é tão alta. 〔女性〕
エーラ　ナウン　エ　タウン　アウタ

3日目

基本構文(2)

単語の解説

□ eu：私
（エウ）

□ feliz：幸せ〔男女同じ形〕
（フェリース）

□ ocupado：忙しい〔男性〕
（オクパード）

□ com fome：お腹がすいている
（コン　フォーミ）

□ cansada：疲れている〔女性〕
（カンサーダ）

□ ele：彼
（エーリ）

□ alto：背が高い〔男性〕
（アウト）

□ ela：彼女
（エーラ）

□ tão：そんなに、とても
（タウン）

□ alta：背が高い〔女性〕
（アウタ）

53

> **基本構文**
>
> A は B ではありません。
>
> 主語 A（物など）＋ não ＋ 動詞 ＋ 補語 B〔形容詞〕

基本フレーズ

A chuva não está forte.

ア　シューヴァ　ナウン　エスター　フォルチ

あめ つよ
雨は強くないです。

ポイント解説

否定文

否定文は動詞の前に não［ナウン］を置きます。

　55ページの**2**と**3**のように**恒常的性格や状態**を表すときは、**動詞 ser** を活用させて用います。

＜構文＞

主語		動詞	形容詞
A chuva 雨	não ～ない	está ～です	forte 強い

「雨は強くないです」

1 風は強くない。

O vento não está forte.
オ ヴェント ナウン エスター フォルチ

2 この映画はおもしろくありません。

Este filme não é interessante.
エスチ フィウミ ナウン エ インテレサンチ

3 この本はあまりおもしろくありません。

Este livro não é tão interessante.
エスチ リヴロ ナウン エ タウン インテレサンチ

4 このコーヒーは熱くない。

Este café não está quente.
エスチ カフェー ナウン エスター ケンチ

5 このコーヒーはそんなに熱くないよ。

Este café não está tão quente.
エスチ カフェー ナウン エスター タウン ケンチ

単語の解説

□ chuva：雨 シューヴァ
□ forte：強い フォルチ
□ vento：風 ヴェント
□ este：この エスチ
□ filme：映画 フィウミ

□ interessante：おもしろい インテレサンチ
□ livro：本 リヴロ
□ café：コーヒー カフェー
□ quente：熱い ケンチ
□ tão：そんなに、とても タウン

右の余白：3日目／基本構文(2)

> **基本構文**
>
> A は B ですか？
> 主語 A（人）＋ 動詞 ＋ 補語 B〔形容詞〕？

・・**基本フレーズ**・・・・・・・・・・・・・・・・・・・・・・・・・・・・

Você está ocupado?

ヴォセー　エスター　オクパード

あなたは忙<ruby>忙<rt>いそが</rt></ruby>しいですか？

・・**ポイント解説**・・・・・・・・・・・・・・・・・・・・・・・・・・・・

　一時的状態を表すとき、**動詞 estar** を用います。主語に従って活用（変化）しますので、3 人称単数「彼」ele、「彼女」ela、「あなたは」você などのときは【3 人称単数主語＋ está ... ?】となります。

　57 ページの**❹**は、**恒常的性格や状態**を表しているので、動詞 ser の活用 é を用います。

＜構文＞

主語		動詞		形容詞	
Você	＋	está	＋	ocupado	？
あなたは		〜です		忙しい	〜か？

　　　「あなたは忙しいですか？」

56

1 あなたはうれしいですか？

Você está contente?
ヴォセー　エスター　コンテンチ

2 あなたはお腹<ruby>腹<rt>なか</rt></ruby>がすいていますか？

Você está com fome?
ヴォセー　エスター　コン　フォーミ

3 あなたは疲<ruby>疲<rt>つか</rt></ruby>れていますか？

Você está cansada?〔女性〕
ヴォセー　エスター　カンサーダ

4 彼女<ruby>彼女<rt>かのじょ</rt></ruby>はきれいですか？

Ela é bonita?〔女性〕
エーラ　エ　ボニータ

5 彼<ruby>彼<rt>かれ</rt></ruby>は暇<ruby>暇<rt>ひま</rt></ruby>ですか？

Ele está livre?
エーリ　エスター　リヴリ

単語の解説
□ você：あなた
□ ocupado：忙しい
□ contente：うれしい
□ com fome：お腹がすいている
□ cansada：疲れている

□ ela：彼女
□ bonita：きれいな
□ livre：暇な

基本構文

A は B ですか？
主語 A（物など）＋ 動詞 ＋ 補語 B〔形容詞〕？

・・| **基本フレーズ** |・・・・・・・・・・・・・・・・・・・・・・・・・・・・・・・・・・・・

O tempo está bom?

オ　　テンポ　エスター　ボン

天気<ruby>天<rt>てん</rt>気<rt>き</rt></ruby>はいいですか？

・・| **ポイント解説** |・・・・・・・・・・・・・・・・・・・・・・・・・・・・・・・・・・

　一時的状態を表すとき、**動詞 estar** を用います。主語に従って活用（変化）しますので、物などは 3 人称単数となるので、【**主語＋ está ... ?**】となります。

　恒常的性格や状態を表すときは、**動詞 ser** の活用 é を用います。

＜構文＞

主語		動詞		形容詞	
O tempo	＋	está	＋	bom	？
天気		〜です		よい	〜か？

　　　「天気はいいですか？」

1 風が強いですか？

O vento está forte?
オ　ヴェント　エスター　フォルチ

- -

2 この映画はおもしろいですか？

Este filme é interessante?
エスチ　フィウミ　エ　インテレサンチ

- -

3 この本はおもしろいですか？

Este livro é interessante?
エスチ　リヴロ　エ　インテレサンチ

- -

4 この飲み物は冷えていますか？

Esta bebida está fria?
エスタ　ベビーダ　エスター　フリア

- -

5 このレストランは閉まっていますか、それとも開いていますか？

Este restaurante está fechado ou aberto?
エスチ　ヘスタウランチ　エスター　フェッシャード　オウ　アベルト

単語の解説

□ tempo（テンポ）：天気
□ bom（ボン）：いい
□ vento（ヴェント）：風
□ forte（フォルチ）：強い
□ este（エスチ）：この
□ filme（フィウミ）：映画
□ livro（リヴロ）：本

□ esta（エスタ）：この
□ bebida（ベビーダ）：飲み物
□ fria（フリア）：冷えた、冷たい
□ restaurante（ヘスタウランチ）：レストラン
□ fechado（フェッシャード）：閉まった
□ ou（オウ）：それとも、または
□ aberto（アベルト）：開いた

4日目

時制の表し方

> **基本構文**
>
> Ａは～します。
> 主語Ａ ＋ 動詞

・・・ **基本フレーズ** ・・・・・・・・・・・・・・・・・・・・・・・・

Eu vou para a fábrica.
エウ　ヴォウ　パラ　ア　ファブリカ

私は工場に行きます。

・・・ **ポイント解説** ・・・・・・・・・・・・・・・・・・・・・・・・

動作を表す動詞の現在形の学習です。

63ページの**4**「～へ行く」ir、**1**「～をする」fazer、**2**「～を知っている」conhecer、**3**「～を勉強する」estudar、**5**と**6**「～で働く」trabalharなどは、いずれも主語に従って活用します。

動詞語尾活用に規則性のあるものや不規則なものがあります。また前置詞がつながるものもありますので、まずは例文を覚えましょう。63ページの動詞活用部分はアンダーラインで明示しています。

基本フレーズの「行く」irは、主語「私は」euだと、活用はvouとなります。その後に方向を表す前置詞paraと場所などの名詞がつながります。

＜構文＞

主語	動詞	前置詞	名詞
Eu	vou	para	a fábrica .
私	行く	～へ	工場

「私は工場に行きます」

1 私はバースデーパーティーをします。

Eu faço a festa de aniversário.

エウ　ファッソ　ア　フェスタ　ジ　アニヴェルサリオ

- -

2 私は彼女を知っています。

Eu conheço ela. 〔常用口語〕/ Eu a conheço. 〔標準口語〕

エウ　コニェッソ　エーラ　　　　　　　エウ　ア　コニェッソ

- -

3 私はポルトガル語を勉強します。

Eu estudo português.

エウ　エストゥド　ポルトゥゲース

- -

4 彼女は事務所に行きます。

Ela vai para o escritório.

エーラ　ヴァイ　パラ　オ　エスクリトリオ

- -

5 彼は自動車修理工場で働いています。

Ele trabalha na oficina de automóveis.

エーリ　トラバリャ　ナ　オフィシナ　ジ　アウトモヴェイス

- -

6 私は自動車生産ラインで働いています。

Eu trabalho nas linhas de montagem de automóveis.

エウ　トラバリョ　ナス　リニャス　ジ　モンタジェンス　ジ　アウトモヴェイス

単語の解説

□ faço：私はする

□ conheço：私は知っている

□ estudo：私は勉強する

□ português：ポルトガル語

□ escritório：事務所

□ trabalha：彼は働く

□ oficina de automóveis：
　自動車修理工場

□ trabalho：私は働く

□ linhas de montagem：生産ライン

4日目
——
時制の表し方

基本構文	Aは〜しません。 主語A + não + 動詞

••• **基本フレーズ** •••••••••••••••••••••••••••••••••

Eu não bebo cerveja.

エウ　ナウン　ベボ　　セルベジャ

私はビールを飲みません。

••• **ポイント解説** •••••••••••••••••••••••••••••••••

否定文

　動作を表す動詞の現在形の否定文です。動詞の前に não を置きます。

　基本フレーズの動詞「飲む」beber は、主語「私は」eu に従って bebo となります。このようにポルトガル語の動詞は主語に従って活用します。

注：65 ページの **3** のようにポルトガル語では文中に não と共に、「まったく（何も）〜ない」を意味する否定を表す語句 de jeito nenhum が現れても、英語のように二重否定として肯定の意味になりません。ポルトガル語では否定の強調となりますので注意しましょう。

＜構文＞

主語		動詞	名詞
Eu	+ não +	bebo	+ cerveja .
私	〜ない	飲む	ビール

「私はビールを飲みません」

1 私はゴルフをしません。

Eu não jogo golfe.
エウ　ナウン　ジョゴ　ゴウフィ

. . . .

2 私は彼女を知りません。

Eu não conheço ela.〔常用口語〕/ Eu não a conheço.〔標準口語〕
エウ　ナウン　コニェッソ　エーラ　　　　　　エウ　ナウン　ア　コニェッソ

. . . .

3 私はまったくワインを飲みません。

Eu não bebo vinho de jeito nenhum.
エウ　ナウン　ベボ　ヴィーニョ　ジ　ジェイト　ネニヨン

. . . .

4 私は運転免許を持っていません。

Eu não tenho a carteira de motorista.
エウ　ナウン　テーニョ　ア　カルテイラ　ジ　モトリスタ

. . . .

5 水が出ません。

A água não corre.
ア　アグア　ナウン　コヘ

. . . .

6 お湯が出ません。

A água quente não corre.
ア　アグア　ケンチ　ナウン　コヘ

単語の解説

□ bebo：私は飲む

□ jogo golfe：私はゴルフ
をする

□ vinho：ワイン

□ tenho：私は持っている

□ carteira de motorista：運転免許

□ água：水

□ água quente：お湯

□ corre：流れる〔不定詞は correr〕

基本構文	A は〜しますか？ 主語 A ＋ 動詞〜？

基本フレーズ

Você tem trabalho amanhã?

ヴォセー　テン　トラバーリョ　アマニャン

あなたは明日、仕事がありますか？

ポイント解説

　疑問文は文末に「？」（疑問符）をつけるだけですが、音声上は文末の単語のもともとアクセントのある箇所を強く読みます。例外はありますが、基本は後ろから2番目の音節にアクセントがあります。

　基本フレーズでは、例外として amanhã の最後の鼻音記号のある -ã を平叙文よりも強く発声することになります。

　また、「あなた」você や「彼」ele など3人称単数が主語になることによって、動詞の語尾活用も1人称のときとは異なってきます。

＜構文＞

主語		動詞		名詞		時	
Você	＋	tem	＋	trabalho	＋	amanhã	？
あなたは		持っている		仕事		明日	〜か？

「あなたは明日、仕事がありますか？」

1 あなたは週末にブラジリアに行きますか？

Você vai para Brasília no fim de semana?
ヴォセー ヴァイ パラ　ブラジリア　ノ フィン ジ　セマナ

- -

2 あなたは今日、警察署に行きますか？

Você vai para a Delegacia de Polícia hoje?
ヴォセー ヴァイ パラ ア　デレガシア　ジ　ポリシア オージ

- -

3 あなたは今、その書類を読みますか？

Você lê esse documento agora?
ヴォセー レー エッシ　ドクメント　アゴーラ

- -

4 あなたは今、見積もりを作成しますか？

Você faz o orçamento agora?
ヴォセー ファス オ　オルサメント　アゴーラ

- -

5 あなたは今夜、私と一緒に夕食を食べますか？

Você janta com a gente hoje à noite?
ヴォセー ジャンタ コン ア ジェンチ オージ ア　ノイチ

- -

6 彼はお会計をしますか？　　Ele faz a conta?
エーリ ファス ア コンタ

単語の解説

□ trabalho：仕事
トラバーリョ

□ vai：あなたは行く
ヴァイ

□ delegacia de polícia：警察署
デレガシア　ジ　ポリシア

□ lê：あなたは読む
レー

□ esse documento：その書類
エッシ　ドクメント

□ faz：作る、作成する
ファス

□ orçamento：見積もり
オルサメント

□ janta：あなたは夕食を食べる
ジャンタ

□ com a gente：私たち一緒に
コン ア ジェンチ

□ conta：お会計、計算、経理
コンタ

基本構文	Aは〜しています。 主語A ＋ 動詞 ＋ 現在分詞

・・・ **基本フレーズ** ・・・・・・・・・・・・・・・・・・・・・・・・・・・・・・

Eu estou trabalhando.
エウ　エストウ　　トラバリャンド

私は仕事をしています。

・・・ **ポイント解説** ・・・・・・・・・・・・・・・・・・・・・・・・・・・・・・

現在進行形

　主語に従って動詞 estar を活用させ、現在分詞をつなげます。つまり【動詞 estar の活用＋現在分詞】となります。

　現在分詞は、基本フレーズで不定詞 trabalhar「働く、仕事をする」が trabalhando となっているように、動詞の語尾の -r をとって -ndo となります。性数変化はありません。

注：進行形はヨーロッパのポルトガル語では【動詞 estar の活用＋ a ＋不定詞】となります。

＜構文＞

主語	動詞	現在分詞
Eu ＋	estou ＋	trabalhando .
私は	仕事をしている	

　　「私は仕事をしています」

68

❶ 私は今、昼食を食べています。

Eu estou almoçando agora.
エウ　エストウ　アウモサンド　　　　アゴーラ

❷ 私は今、ポルト・アレグレに向かっています。

Eu estou indo para Porto Alegre agora.
エウ　エストウ　インド　パラ　　　ポルト　　アレグレ　アゴーラ

❸ 私たちは彼を待っています。

A gente está esperando por ele.
ア　ジェンチ エスター　エスペランド　　　ポル エーリ

❹ 彼はあなたを探していますよ。

Ele está procurando você.
エーリ エスター　プロクランド　　ヴォセー

❺ 彼女は今、電話をかけています。

Ela está telefonando agora.
エーラ エスター　テレフォナンド　　アゴーラ

❻ 私は今、Eメールを書いています。

Eu estou escrevendo o e-mail agora.
エウ　エストウ　エスクレヴェンド　オ イーメーユ　アゴーラ

単語の解説

□ trabalhando：働いている
トラバリャンド

□ almoçando：昼食を食べている
アウモサンド

□ indo：向かっている
インド

□ esperando：待っている
エスペランド

□ procurando：探している
プロクランド

□ telefonando：電話をかけている
テレフォナンド

□ escrevendo：書いている
エスクレヴェンド

基本構文

Ａは〜します。／Ａは〜するつもりです。

主語Ａ ＋ 動詞 ＋ 不定詞　〔近接未来〕

・・・ **基本フレーズ** ・・・・・・・・・・・・・・・・・・・・・・・・・・

Eu vou trabalhar.

エウ　ヴォウ　トラバリャール

私は仕事をする予定です。

・・・ **ポイント解説** ・・・・・・・・・・・・・・・・・・・・・・・・・・

近接未来

【動詞 ir の活用＋不定詞】で表します。この形式によって、主語に従って動詞 ir「行く」が活用し、その後に不定詞（動詞原形）がつながり、現在から未来に向かって起こることを表す近接未来の要件を構成します。

　近接未来は、時制ではなく動詞迂言法とされます。動詞迂言法とは、動詞に前置詞や別の動詞がつながることによって、その動詞が本来もつ意味とは異なる意味を表すことを言います。

注：「〜に行くつもりです」と言うときは、近接未来の形式をとらずに、動詞 ir を活用させるだけで表します。vou ir para... ではなく、vou para... と 71 ページの**2**と**3**のように言います。

＜構文＞

主語	動詞 ir	不定詞
Eu ＋	vou ＋	trabalhar .
私	仕事をする予定です	

「私は仕事をする予定です」

1 私はブラジルに戻るつもりです。

Eu vou voltar para o Brasil.
エウ ヴォウ ヴォウタール パラ オ ブラジウ

2 私は家族と一緒に京都に行くつもりです。

Eu vou para Kyoto com a família.
エウ ヴォウ パラ キョウト コン ア ファミリア

3 私はスーパーマーケットに行くつもりです。

Eu vou para o supermercado.
エウ ヴォウ パラ オ スーペルメルカード

4 来月、私は引っ越しします。

No mês que vem, eu vou mudar de casa.
ノ メス キ ヴェン エウ ヴォウ ムダール ジ カーザ

5 明日、私は欠勤する予定です。

Amanhã, eu vou faltar ao trabalho.
アマニャン エウ ヴォウ ファウタール アオ トラバーリョ

6 今から私は少し休憩します。

Agora eu vou descansar um pouco.
アゴーラ エウ ヴォウ デスカンサール ウン ポーコ

4日目

時制の表し方

単語の解説

□ trabalhar：仕事をする
トラバリャール

□ voltar para：〜に戻る
ヴォウタール パラ

□ com a família：家族と一緒に
コン ア ファミリア

□ no mês que vem：来月（に）
ノ メス キ ヴェン

□ mudar de casa：引っ越しする
ムダール ジ カーザ

□ faltar ao trabalho：欠勤する
ファウタール アオ トラバーリョ

□ descansar：休憩する
デスカンサール

□ um pouco：少し
ウン ポーコ

基本構文

A は～しました。
主語 A ＋ 動詞

・・・**基本フレーズ**・・・・・・・・・・・・・・・・・・・・・・・・・

Eu fui para Florianópolis.

エウ フイ　パラ　　フロリアノーポリス

私はフロリアノポリスに行きました。

・・・**ポイント解説**・・・・・・・・・・・・・・・・・・・・・・・・・

過去形

　語尾の活用が -ar、-er、ir で終わるもので**規則性**のあるものと、**不規則**のものがあります。規則的でも、73 ページ**❶**の jogar「スポーツなどをする」や**❺**の chegar「着く」のように -u- が入るなどのスペルが変わるものもあります。

　過去形だと、-ar **動詞**は**❶**、**❺**のように主語に従って Eu -ei、Você(Ele,Ela, A gente) -ou となり、-er **動詞**は**❸**の beber「飲む」のように Eu -i、Você(Ele, Ela, A gente) -eu となり、-ir **動詞**は**❻**の partir「出発する」のように Eu -i、Você(Ele, Ela, A gente) -iu となります。

　基本フレーズの ir「行く」は不規則動詞で、過去形だと Eu fui、Você(Ele, Ela, A gente) foi となります。このような不規則動詞も**❷**の ver「会う、見る」、**❹**の fazer「する」のように多くあります。

＜構文＞

主語	動詞	前置詞	名詞
Eu ＋	fui ＋	para ＋	Florianópolis .
私	行った	～へ	フロリアノポリス

　　「私はフロリアノポリスに行きました」

72

1 私はサッカーをしました。

Eu joguei futebol.
エウ　ジョゲイ　フチボウ

2 私は空港で彼に会いました。

Eu vi ele no aeroporto.
エウ　ヴィ　エーリ　ノ　アエロポルト

3 私はブラジルのコーヒーを飲みました。

Eu bebi o café do Brasil.
エウ　ベビ　オ　カフェード　ブラジウ

4 私は部屋を予約しました。

Eu fiz reserva do quarto.
エウ　フィス　ヘゼルヴァ　ド　クアルト

5 私は東京に着きました。

Eu cheguei em Tokyo.
エウ　シェゲイ　エン　トウキョウ

6 私たちはホテルを出発しました。

A gente partiu do hotel.
ア　ジェンチ　パルチウ　ド　オテウ

単語の解説

□ joguei futebol：私はサッカーをした

□ vi：私は会った

□ fiz reserva：私は予約した

□ cheguei：私は着いた

□ partiu：私たちは出発した

基本構文

A はもう〜しました。

主語 A ＋ já ＋ 動詞

・・ **基本フレーズ** ・・・・・・・・・・・・・・・・・・・・・・・・・・・

Eu já cheguei em casa.
エウ ジャ　シェゲイ　　エン　カーザ

私はもう家に着きました。

・・ **ポイント解説** ・・・・・・・・・・・・・・・・・・・・・・・・・・・

完結

　動作の完結や完了、結果を表すには、ポルトガル語では**過去形**を
用います。「すでに」「もう」を表す já とともに用いると完結の状態
が明瞭になります。

　動詞の語尾が規則活用や不規則活用するものがありますので、め
ぐりあった、そのときどきに主語とセットで覚えましょう。

　応用ですが、**未完結**を表すには、75 ページの **6** のように過去形の
動詞の前に ainda não を置くと明瞭になります。

＜構文＞

主語		動詞	前置詞	名詞
Eu	＋ já ＋	cheguei	＋ em ＋	casa .
私	もう	着いた	〜に	家

「私はもう家に着きました」

1 私はもう注文しました。

Eu já pedi.
エウ ジャ ペジ

2 私はもう朝食を食べました。

Eu já tomei o café da manhã.
エウ ジャ トメイ オ カフェーダ マニャン

3 私はもう仕事を終えました。

Eu já terminei o trabalho.
エウ ジャ テルミネイ オ トラバーリョ

4 彼女はもう支払った。

Ela já pagou.
エーラ ジャ パゴウ

5 彼はもうすでにそのコンピューターを買った。

Ele já comprou o computador.
エーリ ジャ コンプロウ　オ　コンプタドール

6 私はまだ部屋の掃除をしていません。〔否定〕

Eu ainda não fiz a limpeza do quarto.
エウ アインダ ナウン フィス ア リンペーザ ド　クアルト

単語の解説

□ pedi：私は注文した
□ tomei：私は食べた
□ café da manhã：朝食
〔ヨーロッパのポルトガル語では pequeno-almoço〕

□ terminei：私は終えた
□ pagou：彼女は支払った
□ comprou：彼は買った
□ fiz：私はした
□ limpeza do quarto：部屋の掃除

4日目 時制の表し方

基本構文

A は～したことがあります。

主語 A + já + 動詞

・・ **基本フレーズ** ・・・・・・・・・・・・・・・・・・・・・・・・・・・・

Eu já estive lá.

エウ　ジャ　エスチヴィ　ラー

私はすでにそこに行ったことがあります。

・・ **ポイント解説** ・・・・・・・・・・・・・・・・・・・・・・・・・・・・

経験

　経験を表すには、ポルトガル語では**過去形**を用います。「すでに」「もう」を表す já とともに用いると明瞭になります。

　基本フレーズでは、「行ったことがあり、滞在したことがある」ニュアンスからの「行ったことがある」という日本語です。動詞 estar を用いています。

　「行く」ir の過去形は、「行ったことがある」よりも、「もう行った」「すでに行った」「出発した」という「結果」「完結」を表すニュアンスが強いので、使い分けることができればよいです。

　応用ですが、**未経験**を表すには、77 ページの**6**のように過去形の動詞の前に ainda não を置くと明瞭になります。

<構文>

主語		動詞		場所
Eu	+ já +	estive	+	lá .
私	すでに	行ったことがある		そこ

　「私はすでにそこに行ったことがあります」

❶ 私はサルヴァドールに住んだことがあります。

Eu já morei em Salvador.
エウ　ジャ　モレイ　エン　サルヴァドール

・・・・・・・・・・・・・・・・・・・・・・・・・・・・・・・・・・・・・・・

❷ 私はフェイジョアーダを食べたことがあります。

Eu já comi o prato de feijoada.
エウ　ジャ　コミ　オ　プラート　ジ　フェイジョアーダ

※フェイジョアーダ：ブラジルの煮込み黒豆料理

・・・・・・・・・・・・・・・・・・・・・・・・・・・・・・・・・・・・・・・

❸ あなたはブラジルに行ったことがありますか？

Você já esteve no Brasil?
ヴォセー　ジャ　エステヴェ　ノ　ブラジウ

・・・・・・・・・・・・・・・・・・・・・・・・・・・・・・・・・・・・・・・

❹ 私はもうそれを見たことがあります。

Eu já vi isso.
エウ　ジャ　ヴィ　イッソ

・・・・・・・・・・・・・・・・・・・・・・・・・・・・・・・・・・・・・・・

❺ あなたは東京の地下鉄に乗ったことがありますか？〔経験があるか？〕

Você já experimentou o metrô em Tokyo?
ヴォセー　ジャ　エスペリメントウ　オ　メトロー　エン　トウキョウ

・・・・・・・・・・・・・・・・・・・・・・・・・・・・・・・・・・・・・・・

❻ 私はまだ新幹線に乗ったことがありません。〔経験がない〕

Eu ainda não experimentei o Shinkansen.
エウ　アインダ　ナウン　エスペリメンテイ　オ　　　シンカンセン

単語の解説

□ estive：私は行ったことがある　　□ vi：私は見た
エスチヴィ　　　　　　　　　　　　　　　　　　ヴィ

□ morei：私は住んだ　　　　　　　□ experimentou：あなたは経験した
モレイ　　　　　　　　　　　　　　　　　　エスペリメントウ

□ comi：私は食べた　　　　　　　□ experimentei：私は経験した
コミ　　　　　　　　　　　　　　　　　　エスペリメンテイ

5日目

助動詞などの使い方

基本構文	A は～したいです。 主語 A ＋ 助動詞 ＋ 不定詞 （＋ 対格＜目的語など＞）

・・・ **基本フレーズ** ・・・・・・・・・・・・・・・・・・・・・・・・・・・・・・

Eu quero beber um chope.

エウ　ケーロ　ベベール　ウン　ショッピ

私は生ビールを飲みたいです。

・・・ **ポイント解説** ・・・・・・・・・・・・・・・・・・・・・・・・・・・・・・

助動詞 querer は、英語の **want** に相当します。

主語が 1 人称単数「私は」eu だと、quero［ケーロ］となり、3 人称単数「彼は」ele、「彼女は」ela、「あなたは」você、「私たちは」a gente だと、quer［ケール］となります。その後に、不定詞がつながります。【Eu quero ＋不定詞】

「～したいですか？」と疑問文にするには、81 ページの**5**のように文末に「？」（疑問符）を置きます。【Você quer ＋不定詞？】

「～したくない」と否定文にするには、81 ページの**6**のように動詞の前に não を置きます。【Eu não quero ＋不定詞】

＜構文＞

主語		助動詞		主動詞（本動詞）		対格
Eu	＋	quero	＋	beber	＋	um chope .
私		したい		飲む		生ビール

「私は生ビールを飲みたいです」

1 私はこれを買いたいです。

Eu quero comprar isto.
エウ ケーロ コンプラール イスト

- -

2 私は魚料理を食べたいです。

Eu quero comer um prato de peixe.
エウ ケーロ コメール ウン プラート ジ ペイシ

- -

3 私はオレンジジュースを飲みたいです。

Eu quero beber um suco de laranja.
エウ ケーロ ベベール ウン スコ ジ ラランジャ

- -

4 私たちはトイレに行きたいです。

A gente quer ir ao banheiro.
ア ジェンチ ケール イール アオ バニェイロ

- -

5 あなたは寿司を食べたいですか？

Você quer comer um prato de sushi? 〔疑問〕
ヴォセー ケール コメール ウン プラート ジ スシ

- -

6 私は地下鉄で行きたくないです。

Eu não quero ir de metrô. 〔否定〕
エウ ナウン ケーロ イール ジ メトロー

単語の解説

□ chope：生ビール
ショッピ

□ comprar：買う
コンプラール

□ isto：これ〔性数変化なし〕
イスト

□ comer：食べる
コメール

□ prato de peixe：魚料理
プラート ジ ペイシ

□ suco de laranja：オレンジジュース
スコ ジ ラランジャ

□ ir ao banheiro：トイレに行く
イールアオ バニェイロ

□ ir de metrô：地下鉄で行く
イール ジ メトロー

基本構文

〜したいのですが。

主語 A ＋ 助動詞 ＋ 不定詞（＋ 対格＜目的語など＞）

• • • **基本フレーズ** •

Eu queria beber alguma coisa.

エウ　ケリーア　ベベール　アウグマ　コイザ

私は何か飲みたいのですが。

• • • **ポイント解説** •

　助動詞 querer の半過去形 queria を使えば、英語の I would like to ... に相当する表現ができます。

　主語が 1 人称単数「私は」eu だと queria［ケリーア］となり、3 人称単数「彼は」ele、「彼女は」ela、「あなたは」você、「私たちは」a gente も、queria［ケリーア］です。その後に、不定詞がつながります。【Eu queria ＋不定詞】

　「〜されたいですか？」と疑問文にするには、83 ページの**5**のように文末に「？」（疑問符）を置きます。【Você queria ＋不定詞？】
　「〜したくないのですが」と否定文にするには、83 ページの**6**のように動詞の前に não を置きます。【Eu não queria ＋不定詞】

＜構文＞

主語	助動詞	主動詞（本動詞）	対格
Eu +	queria +	beber +	alguma coisa .
私	したいのですが	飲む	何か

「私は何か飲みたいのですが」

1 私は両替したいのですが。

Eu queria trocar dinheiro.
エウ　ケリーア　トロカール　ジニェイロ

2 私は銀座を散策したいのですが。

Eu queria passear em Ginza.
エウ　ケリーア　パセアール　エン　ギンザ

3 私は赤ワインを飲みたいのですが。

Eu queria beber o vinho tinto.
エウ　ケリーア　ベベール　オ　ヴィーニョ　チント

4 私はタクシーで帰りたいのですが。

Eu queria voltar de táxi.
エウ　ケリーア　ヴォウタール　ジ　タクシ

5 あなたは少し休憩されたいですか？

Você queria descansar um pouco? 〔疑問〕
ヴォセー　ケリーア　デスカンサール　ウン　ポウコ

6 私は待ちたくないのですが。

Eu não queria esperar. 〔否定〕
エウ　ナウン　ケリーア　エスペラール

単語の解説

□ beber：飲む
ベベール

□ alguma coisa：何か
アウグマ　コイザ

□ trocar dinheiro：両替する
トロカール　ジニェイロ

□ passear：散策（散歩）する
パセアール

□ vinho tinto：赤ワイン
ヴィーニョ　チント

□ voltar de táxi：タクシーで
ヴォウタール　ジ　タクシ
帰る

□ descansar：休憩する
デスカンサール

□ um pouco：少し
ウン　ポウコ

□ esperar：待つ
エスペラール

5日目
助動詞などの使い方

> **基本構文**
>
> 〜してください。
> 主語Ａ＋助動詞＋不定詞（＋対格＜目的語など＞）

・・・ **基本フレーズ** ・・・・・・・・・・・・・・・・・・・・・

Pode mostrar o cardápio.

ポジ　モストラール　オ　カルダピオ

メニューを見せてください。

・・・ **ポイント解説** ・・・・・・・・・・・・・・・・・・・・・

　助動詞 poder の3人称単数 pode［ポジ］に不定詞を続けて、相手に依頼やお願いができます。主語 Você をつけて、Você pode ... としても、主語 Você の省略も可能です。【(Você) pode ＋不定詞】

　「〜しないでください」と否定文にするには、85ページの**6**のように動詞の前に não を置きます。【(Você) não pode ＋不定詞】
　「質問」とすれば、疑問文として文末に「？」（疑問符）をつけることになります。

＜構文＞

主語		助動詞		主動詞（本動詞）		対格
(Você) （あなた）	＋	pode ください	＋	mostrar 見せる	＋	o cardápio . メニュー

「メニューを見せてください」

1 サントス・ドゥモン空港まで行ってください。〔タクシー〕

Pode ir até o aeroporto Santos Dumont.
ポジ　イール　アテー　オ　アエロポルト　サントス　ドゥモン

---

2 ここで止まってください。〔タクシー〕

Pode parar aqui.
ポジ　パラール　アキー

---

3 責任者を呼んでください。

Pode chamar o responsável.
ポジ　シャマール　オ　ヘスポンサーベウ

---

4 宅配してください。

Pode entregar em casa.
ポジ　エントレガール　エン　カーザ

---

5 ドアを閉めてください。

Pode fechar a porta.
ポジ　フェシャール　ア　ポルタ

---

6 ここで支払わないでください。

Não pode pagar aqui. 〔否定〕
ナウン　ポジ　パガール　アキー

単語の解説

□ cardápio：メニュー〔ヨーロッパのポルトガル語では ementa〕
カルダピオ

□ ir até：〜まで行く
イール アテー

□ aeroporto：空港
アエロポルト

□ parar aqui：ここで止まる
パラール アキー

□ chamar：呼ぶ
シャマール

□ responsável：責任者
ヘスポンサーベウ

□ entregar em casa：宅配する
エントレガール エン カーザ

□ fechar a porta：ドアを閉める
フェシャール ア ポルタ

□ pagar aqui：ここで支払う
パガール アキー

基本構文

～してもらえないでしょうか。
主語 A ＋助動詞＋不定詞（＋対格＜目的語など＞）
＋ por favor?

・・・ **基本フレーズ** ・・・・・・・・・・・・・・・・・・・・・・・・・・・・・・

Poderia dirigir mais devagar, por favor?

ポデリーア　ジリジール　マイス　デヴァガール　ポル　ファヴォール

もっとゆっくり運転<ruby>運転<rt>うんてん</rt></ruby>してもらえないでしょうか。〔タクシー〕

・・・ **ポイント解説** ・・・・・・・・・・・・・・・・・・・・・・・・・・・・・・

　助動詞 poder の過去未来形の３人称単数を使えば、「～してもら
えないでしょうか」と丁寧な依頼、お願いを表すことができます。
【Poderia［ポデリーア］＋不定詞＋ por favor?】の形ですが、主語
Você をつけて【Você poderia ＋不定詞＋ por favor?】としてもよ
いです。主語は省略できます。

　「質問」とすれば、疑問文として文末に「？」（疑問符）をつける
ことになります。

　否定文で「～なさらないようにお願いします」を表すには、87 ペー
ジの❸と❹のように poderia の前に não を置いて、【(Você) não
poderia ＋不定詞＋ por favor?】とします。

＜構文＞

主語	助動詞	主動詞（本動詞）		
(Você) +	poderia	+	dirigir +	mais devagar, por favor ?
（あなた）	してもらえないでしょうか		運転する	もっとゆっくり

　「もっとゆっくり運転してもらえないでしょうか」

1 もっとゆっくり話してもらえないでしょうか。

Poderia falar mais devagar, por favor?
ポデリーア　ファラール　マイス　デヴァガール　ポル　ファヴォール

2 氷を持って来てもらえないでしょうか。

Poderia trazer os gelos, por favor?
ポデリーア　トラゼール　オス　ジェーロス　ポル　ファヴォール

3 それを持って行かないでもらえないでしょうか。

Não poderia levar isso, por favor?
ナウン　ポデリーア　レヴァール　イッソ　ポル　ファヴォール

4 ここにゴミを置かないでもらえないでしょうか。

Não poderia colocar os lixos aqui, por favor?
ナウン　ポデリーア　コロカール　オス　リショス　アキー　ポル　ファヴォール

5 タクシーを1台、呼んでもらえないでしょうか。

Poderia chamar um táxi, por favor?
ポデリーア　シャマール　ウン　タクシ　ポル　ファヴォール

6 日本語で言ってもらえないでしょうか。

Poderia dizer em japonês, por favor?
ポデリーア　ジゼール　エン　ジャポネース　ポル　ファヴォール

単語の解説

□ dirigir：運転する
□ trazer：持って来る
□ gelos：氷
□ levar：持って行く

□ isso：それ〔性数変化なし〕
□ colocar os lixos：ゴミを置く
□ chamar：呼ぶ
□ dizer em japonês：日本語で言う

5日目
助動詞などの使い方

87

基本構文	Aは〜することができます。 主語A＋助動詞＋不定詞（＋対格＜目的語など＞）

・・・ **基本フレーズ** ・・・・・・・・・・・・・・・・・・・・・・・・・・・・

Eu sei falar português.

エウ　セイ　ファラール　ポルトゥゲース

私はポルトガル語を話せます。

・・・ **ポイント解説** ・・・・・・・・・・・・・・・・・・・・・・・・・・・・

「〜できる」という表現に関して、ポルトガル語では、基本フレーズと89ページの **1**、**2**、**3** のように「技能・能力的可能」を表すときには、動詞 saber を用います。

主語が「私」eu のときは【Eu sei ＋不定詞】となります。主語が「彼」ele など3人称単数のときには【Ele sabe ＋不定詞】となります。**英語では**、know how to ... と考えられます。

89ページの **4**、**5**、**6** のように、技能とは関係なく「状況的可能」を表すときには動詞 poder を用います。【Eu posso ＋不定詞】【Ele/Você pode ＋不定詞】となります。

否定文は89ページの **5** のように、助動詞の前に não を置きます。

＜構文＞

主語		助動詞		主動詞（本動詞）		対格
Eu 私	＋	sei できます	＋	falar 話す	＋	português ポルトガル語

「私はポルトガル語を話せます」

❶ 私_{わたし}は英語_{えいご}を話_{はな}せます。

Eu sei falar inglês.
エウ　セイ　ファラール　イングレース

---

❷ 彼_{かれ}は日本語_{にほんご}を話_{はな}せます。

Ele sabe falar japonês.
エーリ　サビ　ファラール　ジャポネース

---

❸ 私_{わたし}は車_{くるま}を運転_{うんてん}することができます。

Eu sei dirigir o carro.
エウ　セイ　ジリジール　オ　カーホ

---

❹ あなたはそれを使_{つか}うことができます。

Você pode usar isso.
ヴォセー　ポジ　ウザール　イッソ

---

❺ それを承諾_{しょうだく}することができません。

Eu não posso aceitar isso. 〔否定〕
エウ　ナウン　ポッソ　アシタール　イッソ

---

❻ 私_{わたし}はクレジットカードで支払_{しはら}うことができます。

Eu posso pagar com cartão de crédito.
エウ　ポッソ　パガール　コン　カルタウン　ジ　クレジト

単語の解説

□ falar（ファラール）：話す

□ português（ポルトゥゲース）：ポルトガル語

□ inglês（イングレース）：英語

□ japonês（ジャポネース）：日本語

□ dirigir o carro（ジリジール　オ　カーホ）：車を運転する

□ usar（ウザール）：使う

□ aceitar（アシタール）：承諾する

□ pagar（パガール）：支払う

□ com cartão de crédito（コン　カルタウン　ジ　クレジト）：
クレジットカードで

縦書き右側：5日目 ―― 助動詞などの使い方

基本構文

> 〜してもいいですか？
>
> 主語 A ＋ 助動詞 ＋ 不定詞(＋ 対格＜目的語など＞)？

•• **基本フレーズ** ••••••••••••••••••••••••••••••••••

Eu posso entrar aqui?

エウ　ポッソ　エントラール　アキー

ここに入<ruby>入<rt>はい</rt></ruby>ってもいいですか？

•• **ポイント解説** ••••••••••••••••••••••••••••••••••

【Eu posso ＋不定詞？】は英語の May I ...? に相当し、「私は〜してもいいですか？」と許可を願う表現です。主語の Eu を省略することができます。

＜構文＞

主語		助動詞		主動詞（本動詞）			
(Eu)	＋	posso	＋	entrar	＋	aqui	？
(私)		できる		入る		ここ	〜か？

「（私は）ここに入ってもいいですか？」

90

1 明日、休暇をとってもいいですか？

Eu posso tirar o dia de folga amanhã?
エウ　ポッソ　チラール　オ　ジーア　ジ　フォウガ　アマニャン

- -

2 このパソコンを使ってもいいですか？

Eu posso usar este computador?
エウ　ポッソ　ウザール　エスチ　コンプタドール

- -

3 ビールを飲んでもいいですか？

Eu posso beber a cerveja?
エウ　ポッソ　　ベベール　ア　セルヴェージャ

- -

4 服を試着してもいいですか？

Eu posso experimentar a roupa?
エウ　ポッソ　エスペリメンタール　ア　ホウパ

- -

5 ここで支払ってもいいですか？

Eu posso pagar aqui?
エウ　ポッソ　パガール　アキー

- -

6 ここで食べてもいいですか？

Eu posso comer aqui?
エウ　ポッソ　コメール　アキー

5日目
助動詞などの使い方

単語の解説

□ entrar（エントラール）：入る

□ tirar o dia de folga（チラール オ ジーア ジ フォウガ）：休暇をとる

□ usar（ウザール）：使う

□ este computador（エスチ コンプタドール）：このパソコン

□ experimentar（エスペリメンタール）：試す

□ roupa（ホウパ）：服

□ pagar（パガール）：支払う

□ comer（コメール）：食べる

91

基本構文

A は〜しなければなりません。

主語 A ＋助動詞＋不定詞（＋対格＜目的語など＞）

··· **基本フレーズ** ·······································

Eu tenho que ir.

エウ　テーニョ　キ　イール

私<small>わたし</small>は行<small>い</small>かなければなりません。

··· **ポイント解説** ·······································

【ter の活用＋ que/de ＋不定詞】で「〜しなければなりません」を表します。

ter の意味は「持つ」などの意味がありますが、このような動詞本来の意味とは違うものを表すので動詞迂言法と言われます。動詞迂言法は、70 ページの 4 日目 **5** 近接未来【ir の活用＋不定詞】の学習で出てきましたね。

主語が「私」eu の 1 人称単数のときには【Eu tenho que ＋不定詞】となり、主語が「彼」ele、「彼女」ela、「あなた」você、「私たち」a gente などの 3 人称単数のときには【Ele（Ela/Você/A gente）tem que ＋不定詞】となります。

＜構文＞

主語	動詞 ter の活用		不定詞
Eu 私	tenho ＋ que 〜しなければならない	＋	ir 行く	.

「私は行かなければなりません」

92

❶ 私は会社に行かなければなりません。

Eu tenho que ir para a companhia.
エウ　テーニョ　キ　イール　パラ　ア　コンパニーア

・・・・・・・・・・・・・・・・・・・・・・・・・・・・・・・・・・・・・・・

❷ 私はお客さんに電話しなければなりません。

Eu tenho que telefonar para o cliente.
エウ　テーニョ　キ　テレフォナール　パラ　オ　クリエンチ

・・・・・・・・・・・・・・・・・・・・・・・・・・・・・・・・・・・・・・・

❸ あなたは渋谷駅で電車を乗り換えなければなりません。

Você tem que mudar de trem na estação Shibuya.
ヴォセー　テン　キ　ムダール　ジ　トレン　ナ　エスタサウン　シブヤ

・・・・・・・・・・・・・・・・・・・・・・・・・・・・・・・・・・・・・・・

❹ 私はすぐに出かけなければなりません。

Eu tenho que sair logo.
エウ　テーニョ　キ　サイール　ロゴ

・・・・・・・・・・・・・・・・・・・・・・・・・・・・・・・・・・・・・・・

❺ あなたはマスクを着用しなければなりません。

Você tem que usar a máscara.
ヴォセー　テン　キ　ウザール　ア　マスカラ

・・・・・・・・・・・・・・・・・・・・・・・・・・・・・・・・・・・・・・・

❻ 私たちはレストランの予約をしなければなりません。

A gente tem que fazer reserva do restaurante.
ア　ジェンチ　テン　キ　ファゼール　ヘゼルヴァ　ド　ヘスタウランチ

5日目 ― 助動詞などの使い方

単語の解説

□ campanhia：会社

□ telefonar para：〜に電話する

□ cliente：お客さん

□ mudar de trem：電車を乗り換える

□ estação：駅

□ sair：出かける

□ usar a máscara：マスクを着用する

□ fazer reserva de：予約する

93

6日目

························

疑問詞のある文

> 基本構文
>
> ～は何ですか？
> O que + 語句？

・・・ **基本フレーズ** ・・・・・・・・・・・・・・・・・・・・・・・・・・・・

O que é isso?
オ　キ　エー　イッソ

それは何ですか？

・・・ **ポイント解説** ・・・・・・・・・・・・・・・・・・・・・・・・・・・・

o que は英語の what に相当し、日本語の「何？」を表します。
複数あるものの中からひとつを「何」と聞くときは、後ほど104ペー
ジの5で学習することになりますが、選択する疑問詞 Qual を用い
ます。

「名前は何ですか？」と名前を聞くときは、qual を用います。
Qual é o seu nome?［クアウ　エー　オ　セウ　ノーミ］と言います。
　職業や名前を聞くときに o que を用いると、「職業（名前）ってど
ういう意味ですか？」と言うことになってしまいます。

<構文>

疑問詞		動詞		語句	
O que	+	é	+	isso	？
何		です		それ	～か？

「それは何ですか？」

1 あなたは何をしていますか？

O que você está fazendo?
オ　キ　ヴォセー　エスター　ファゼンド

. . . .

2 あなたは何をするのが好きですか？〔趣味〕

O que você gosta de fazer?
オ　キ　ヴォセー　ゴスタ　ジ　ファゼール

. . . .

3 あなたは何を食べるのが好きですか？〔好きな食べ物〕

O que você gosta de comer?
オ　キ　ヴォセー　ゴスタ　ジ　コメール

. . . .

4 あなたは何を飲むのが好きですか？〔好きな飲み物〕

O que você gosta de beber?
オ　キ　ヴォセー　ゴスタ　ジ　ベベール

. . . .

5 おすすめは何ですか？〔レストランなどで〕

O que me recomenda?
オ　キ　メ　　ヘコメンダ

※この例文では主語Vocêを省略。

6日目 ── 疑問詞のある文

単語の解説

□ isso：それ
イッソ

□ fazendo：fazer「する」の
ファゼンド
　現在分詞

□ gosta de：あなたは〜が好き
ゴスタ ジ
　〔不定詞は gostar。「〜が好き」
　と言うときは de を伴う〕

□ fazer：する
ファゼール

□ comer：食べる
コメール

□ beber：飲む
ベベール

□ me：私に
メ

□ recomenda：あなたはすす
ヘコメンダ
　める
　〔不定詞は recomendar〕

97

基本構文

～は誰ですか？
Quem ＋ 語句？

・・ 基本フレーズ ・・・・・・・・・・・・・・・・・・・・・・

Quem é esta moça?
ケン　エー　エスタ　モッサ

この女<small>おんな</small>の子<small>こ</small>は誰<small>だれ</small>ですか？

・・ ポイント解説 ・・・・・・・・・・・・・・・・・・・・・・

quem は英語の who に相当し、日本語の「誰？」を表します。
99 ページの**4**と**5**のように前置詞とともに用いられることがあり
ます。

＜構文＞

疑問詞		動詞		語句	
Quem	＋	é	＋	esta moça	？
誰		です		この女の子	〜か？

「この女の子は誰ですか？」

1 彼は誰ですか？

Quem é ele?
ケン　エー　エーリ

- -

2 あの人は誰ですか？

Quem é aquela pessoa?
ケン　エー　アケーラ　ペッソア

- -

3 誰がこの仕事をしますか？

Quem vai fazer este trabalho?
ケン　ヴァイ　ファゼール　エスチ　トラバーリョ

- -

4 あなたは誰と話したいですか？

Com quem você quer falar?
コン　ケン　ヴォセー　ケール　ファラール

- -

5 このプレゼントは誰のためのですか？

Para quem é este presente?
パラ　　ケン　エー　エスチ　プレゼンチ

単語の解説

□ moça：女の子
モッサ

□ aquela pessoa：あの人
アケーラ　ペッソア

□ vai fazer：する〔近接未来〕
ヴァイ ファゼール

□ com quem：誰と
コン　ケン

□ quer falar：話したい
ケール ファラール

□ para quem：誰のため
パラ　ケン

□ presente：プレゼント
プレゼンチ
〔ヨーロッパのポルトガル語では
prenda〕

基本構文

~はどこですか？／~はどこにありますか？

Onde + 語句？

・・・ **基本フレーズ** ・・・・・・・・・・・・・・・・・・・・・・・・・・・・・・・・・・

Onde é o supermercado?

オンジ　エー　オ　スペルメルカード

スーパーマーケットはどこですか？

・・・ **ポイント解説** ・・・・・・・・・・・・・・・・・・・・・・・・・・・・・・・・・・

onde は英語の where に相当し、日本語の「どこ？」を表します。
101 ページの**5**のように前置詞とともに用いられることがあります。
　基本フレーズのように【Onde é ...?】と動詞 é が用いられたり、
【Onde tem...?】と動詞 tem や【Onde fica ...?】などと動詞 fica が
用いられることがあります。人によって言葉遣いが異なります。

＜構文＞

疑問詞		動詞		語句	
Onde	+	é	+	o supermercado	?
どこ		です		スーパーマーケット	～か？

「スーパーマーケットはどこですか？」

1 タクシー乗り場はどこですか？

Onde é o ponto de táxi?
オンジ　エー　オ　ポント　ジ　タクシ

---

2 トイレはどこですか？

Onde é o banheiro?
オンジ　エー　オ　バニェイロ

---

3 渋谷スクランブル交差点はどこですか？

Onde é o Cruzamento de Shibuya?
オンジ　エー　オ　クルザメント　ジ　シブヤ

---

4 薬局はどこですか？

Onde é a farmácia?
オンジ　エー　ア　ファルマシア

---

5 あなたはどこに行きますか？

Para onde você vai?
パラ　オンジ　ヴォセー　ヴァイ

6日目

疑問詞のある文

単語の解説

□ ponto de táxi：タクシー乗
　り場

□ banheiro：トイレ
　〔ヨーロッパのポルトガル語では
　casa de banho〕

□ cruzamento：交差点

□ farmácia：薬局

□ para onde：どこに向かって

□ vai：あなたは行く

基本構文 いつ〜？

Quando ＋ 語句？

・・・ **基本フレーズ** ・・・・・・・・・・・・・・・・・・・・・・・・・・・・・・

Quando é a reunião?

クアンド　エー　ア　ヘウニアウン

会議<ruby>会議<rt>かいぎ</rt></ruby>はいつですか？

・・・ **ポイント解説** ・・・・・・・・・・・・・・・・・・・・・・・・・・・・・・

quando は英語の when に相当し、日本語の「いつ？」を表します。

<構文>

疑問詞		動詞		語句	
Quando	＋	é	＋	a reunião	？
いつ		です		会議	〜か？

　「会議はいつですか？」

1 夕食はいつですか？

Quando é o jantar?
クアンド　エー　オ　ジャンタール

・・・・・・・・・・・・・・・・・・・・・・・・・・・・

2 パーティーはいつですか？

Quando é a festa?
クアンド　エー　ア　フェスタ

・・・・・・・・・・・・・・・・・・・・・・・・・・・・

3 あなたはいつサンパウロに行きますか？

Quando você vai para São Paulo?
クアンド　ヴォセー　ヴァイ　パラ　サウン　パウロ

・・・・・・・・・・・・・・・・・・・・・・・・・・・・

4 あなたはいつブラジルから戻りますか？

Quando você vai voltar do Brasil?
クアンド　ヴォセー　ヴァイ　ヴォウタール　ド　ブラジウ

＜過去のことを聞くとき＞

1 あなたはいつ日本に来ましたか？

Quando você veio para o Japão?
クアンド　ヴォセー　ヴェイオ　パラ　オ　ジャパウン

・・・・・・・・・・・・・・・・・・・・・・・・・・・・

2 あなたはいつパスポートを失いましたか？

Quando você perdeu o passaporte?
クアンド　ヴォセー　ペルデウ　オ　パサポルチ

6日目

疑問詞のある文

単語の解説

□ reunião：会議（ヘウニアウン）
□ jantar：夕食（ジャンタール）
□ festa：パーティー（フェスタ）
□ vai para：あなたは〜に行く（ヴァイ　パラ）
□ vai voltar：あなたは戻る（ヴァイ　ヴォウタール）
□ veio：あなたは来た（ヴェイオ）
□ perdeu：あなたは失った（ペルデウ）
□ passaporte：パスポート（パサポルチ）

103

> **基本構文**
>
> どれが〜ですか？／何が〜ですか？
>
> Qual ＋ 語句？

・・ **基本フレーズ** ・・・・・・・・・・・・・・・・・・・・・・・・・・・・

Qual é mais gostoso?

クアウ　エー　マイス　ゴストーゾ

どれがもっとおいしいですか？

・・ **ポイント解説** ・・・・・・・・・・・・・・・・・・・・・・・・・・・・

qual は英語の which に相当し、日本語の「どれ？」を表します。
　基本フレーズでは、比較のニュアンスから「もっと」「より〜」を
意味する mais と形容詞が用いられています。

＜構文＞

疑問詞		動詞		語句	
Qual	＋	é	＋	mais gostoso	？
どれ		です		もっとおいしい	〜か？

「どれがもっとおいしいですか？」

1 どれがもっと安いですか？

Qual é mais barato?
クアウ　エー　マイス　バラート

- -

2 どれがもっといいですか？

Qual é melhor?
クアウ　エー　メリョール

- -

3 どちらがブラジルコーヒーですか？

Qual é o café brasileiro?
クアウ　エー　オ　カフェー　ブラジレイロ

- -

4 あなたはどちらを買いますか？

Qual você vai comprar?
クアウ　ヴォセー　ヴァイ　コンプラール

- -

5 問題は何ですか？

Qual é o problema?
クアウ　エー　オ　プロブレーマ

6日目

疑問詞のある文

単語の解説

□ mais：もっと、より〜
〈マイス〉

□ gostoso：おいしい
〈ゴストーゾ〉

□ barato：安い
〈バラート〉
※「値段が高い」は caro

□ melhor：より良い
〈メリョール〉

□ café brasileiro：ブラジル
〈カフェー　ブラジレイロ〉
コーヒー

□ você：あなた
〈ヴォセー〉

□ comprar：買う
〈コンプラール〉

□ problema：問題
〈プロブレーマ〉

105

> **基本構文**
> ～はどうですか？／～はいかがですか？
> Como ＋ 語句？

・・ **基本フレーズ** ・・・・・・・・・・・・・・・・・・・・・・・・・

Como está o tempo?
コモ　　エスター　オ　テンポ

天気はどうですか？

・・ **ポイント解説** ・・・・・・・・・・・・・・・・・・・・・・・・・

　como は英語の how に相当し、日本語の「どう？」「どのように？」
を表します。

＜構文＞

疑問詞		動詞		語句	
Como	＋	está	＋	o tempo	？
どう		です		天気	～か？

　「天気はどうですか？」

❶ 仕事はどうですか？

Como está o trabalho?
コモ　　エスター　オ　トラバーリョ

- -

❷ 勉強はどうですか？

Como está o estudo?
コモ　　エスター　オ　エストゥード

- -

❸ 日本料理はいかがですか？

Como é a comida japonesa?
コモ　エー　ア　コミーダ　ジャポネーザ

− とてもおいしいです。

É muito gostosa.
エー　ムイント　ゴストーザ

- -

❹ 私たちはどうやって浅草に行こうか？

Como a gente vai para Asakusa?
コモ　ア　ジェンチ　ヴァイ　パラ　アサクサ

− 地下鉄で。

De metrô.
ジ　メトロー

6日目 — 疑問詞のある文

単語の解説

□ tempo：天気
□ trabalho：仕事
□ estudo：勉強
□ comida japonesa：日本料理
□ muito：とても

□ gostosa：おいしい
□ vai：行く
□ de：〜で〔交通手段〕
　※「徒歩で」は a pé
□ metrô：地下鉄

107

どれだけの〜？／いくつの〜？

Quantos(Quantas) + 語句？

・・・ **基本フレーズ** ・・・・・・・・・・・・・・・・・・・・・・・・・

Quantas pessoas?

クアンタス　　ペッソアス

<ruby>何名<rt>なんめい</rt></ruby>ですか？

・・・ **ポイント解説** ・・・・・・・・・・・・・・・・・・・・・・・・・

　quantos は英語の how many や how much に相当し、日本語の「いくつの？」などを表します。数量を聞くときに用いられます。

　後に名詞がつながらなくて単独で用いられるときは単数で Quanto é? とか Quanto custa? となります。いずれも「いくらですか？」の意味です。

　後に名詞がくると、名詞の性数に従って変化します。基本フレーズでは、pessoas「人々」が女性複数なので、Quantas となっています。

＜構文＞

疑問詞	名詞	
Quantos	+ pessoas	？
いくつ	人々	〜か？

　「何名ですか？」

1 いくつのパンフレット？

Quantos panfletos?
クアントス　　パンフレトス

・・

2 いくつの地図(ちず)？

Quantos mapas?
クアントス　　マパス

・・

3 何台(なんだい)のタクシー？

Quantos táxis?
クアントス　タクシース

・・

4 何杯(なんばい)のビール？

Quantas cervejas?
クアンタス　セルヴェジャス

・・

5 いくつのバッグがありますか？

Quantas malas tem?
クアンタス　マーラス　テン

6日目 ── 疑問詞のある文

単語の解説

□ pessoas：人々（ペッソアス）

□ panfletos：パンフレット〔複数〕（パンフレトス）

□ mapas：地図〔複数〕（マパス）
　※ mapa は男性

□ táxis：タクシー〔複数〕（タクシース）

□ cervejas：ビール〔複数〕（セルヴェジャス）

□ malas：バッグ〔複数〕（マーラス）

□ tem：ある（テン）

<table>
<tr><td>基本構文</td><td>どうして〜ですか？
Por que ＋ 語句？</td></tr>
</table>

•••• **基本フレーズ** •••••••••••••••••••••••••••••••••••••••

Por que você quer ir para o Rio de Janeiro?
ポル　キ　ヴォセー　ケール　イール　パラ　オ　ヒオ　ジ　ジャネイロ

どうしてあなたはリオデジャネイロに行きたいですか？

•••• **ポイント解説** •••••••••••••••••••••••••••••••••••••••

　por que は英語の why に相当し、日本語の「どうして？」を表します。

　英語の because「なぜならば」にあたる語は porque で 1 語です。

<構文>

疑問詞			語句			
Por que ＋	você quer	ir	para	o Rio de Janeiro	？
どうして	あなたは したい	行く	に	リオデジャネイロ	〜か？

「どうしてあなたはリオデジャネイロに行きたいですか？」

1 どうしてあなたはブラジルに行きたいですか？

Por que você quer ir para o Brasil?
ポル　キ　ヴォセー　ケール　イール　パラ　オ　ブラジウ

. . . .

2 どうしてあなたは銀座に行きたいですか？

Por que você quer ir para Ginza?
ポル　キ　ヴォセー　ケール　イール　パラ　ギンザ

－ 銀座で買い物をしたいから。

Porque eu quero fazer compras em Ginza.
ポルキ　エウ　ケーロ　ファゼール　コンプラス　エン　ギンザ

. . . .

3 どうしてあなたは彼女が好きですか？

Por que você gosta dela?
ポル　キ　ヴォセー　ゴスタ　デーラ

－ 彼女はきれいで、感じがいいから。

Porque ela é bonita e simpática.
ポルキ　エーラ　エー　ボニータ　イ　シンパチカ

6日目

疑問詞のある文

単語の解説

□ quer：あなたは〜したい
　ケール

□ ir para：〜に行く
　イール　パラ

□ fazer compras：買い物をする
　ファゼール　コンプラス

□ gosta de：あなたは〜が好き
　ゴスタ

□ dela：gosta de の de ＋ ela（彼女）
　デーラ

□ bonita：きれい
　ボニータ

□ e：そして〔英語の and
　イ　に相当。反意語は mas〕
　　　　　　　　　　マス

□ simpática：感じがいい、
　シンパチカ
　優しい

7日目

会話　実践編

① おはようございます。

② こんにちは。

③ こんにちは。

④ こんばんは。

⑤ お元気ですか？

⑥ 元気です。

⑦ まあまあです。

⑧ やあ。

⑨ また明日。

⑩ さようなら。

Bom dia.
ボン　ジーア

Bom dia. 〔午前〕
ボン　ジーア

Boa tarde. 〔午後〕
ボア　タルジ

Boa noite.
ボア　ノイチ

Tudo bem?
トゥード　ベン

Tudo bem.
トゥード　ベン

Mais ou menos.
マイズ　オー　メーノス

Oi.
オイ

Até amanhã.
アテー　アマニャン

Até logo.
アテー　ロゴ

① ありがとうございます。

② ありがとうございます。

③ どうもありがとうございます。

④ どうもありがとうございます。

⑤ どういたしまして。

⑥ すみません。

⑦ 大丈夫です。

⑧ 残念です。

⑨ ちょっと失礼します。

⑩ お願いします。

Obrigado. 〔男性が言う〕
オブリガード

Obrigada. 〔女性が言う〕
オブリガーダ

Muito obrigado. 〔男性が言う〕
ムイント　オブリガード

Muito obrigada. 〔女性が言う〕
ムイント　オブリガーダ

De nada.
ジ　ナーダ

Desculpe.
デスクウピ

Não tem problema.
ナウン　テン　プロブレーマ

Sinto muito.
シント　ムイント

Com licença.
コン　　　リセンサ

Por favor.
ポル　ファヴォール

① はい。

② いいえ。

③ いいえ違_{ちが}います。

④ わかりました。

⑤ わかりません。

⑥ 知_しっています。

⑦ 知_しりません。

⑧ いいですよ。

⑨ だめです。

⑩ 確_{たし}かに。

Sim.
シン

Não.
ナウン

É engano.
エー　エンガーノ

Entendi.
エンテンジー

Não entendo.
ナウン　エンテンド

Sei.
セイ

Não sei.
ナウン　セイ

Está bom.
エスター　ボン

Não está bom.
ナウン　エスター　ボン

Com certeza.
コン　　セルテーザ

① はじめまして。

② 私は〜です。

③ こちらは〜さんです。

④ こちらは〜さんです。

⑤ あなたのお名前は？

⑥ 私の名前は〜です。

⑦ 私の仕事は〜です。

⑧ いつまでサンパウロに滞在しますか？

⑨ 1カ月間、滞在します。

⑩ またね。

Muito prazer.
ムイント　プラゼール

Eu sou ... .
エウ　ソウ

Este é ... . 〔男性を紹介〕
エスチ　エー

Esta é ... . 〔女性を紹介〕
エスタ　エー

Como se chama?
　コモ　　シ　シャーマ

Me chamo ... .
　ミ　　シャーモ

A minha profissão é ... .
ア　ミーニャ　プロフィッサウン　エー

Até quando você fica em São Paulo?
アテー　クアンド　ヴォセー　フィカ　エン　サウン　パウロ

Eu fico por um mês.
エウ　フィコ　ポル　ウン　メス

Até a próxima.
アテ　ア　プロッシマ

① あなたは何をするのが好きですか？〔趣味〕

② あなたの休みはいつですか？

③ あなたの誕生日はいつですか？

④ どこで働いているの？

⑤ どこに住んでいますか？

⑥ 生まれはどこですか？

⑦ 何年生まれですか？

⑧ 休みの日は何をしていますか？

⑨ お年はいくつですか？

⑩ ご家族は何人ですか？

O que você gosta de fazer?
オ キ ヴォセー ゴスタ ジ ファゼール

Quando são os seus dias de folga?
クアンド サウン オス セウス ジアス ジ フォウガ

Quando é o seu aniversário?
クアンド エー オ セウ アニヴェルサリオ

Onde você trabalha?
オンジ ヴォセー トラバリャ

Onde você mora?
オンジ ヴォセー モーラ

Onde você nasceu?
オンジ ヴォセー ナセウ

Em que ano você nasceu?
エン キ アーノ ヴォセー ナセウ

O que você faz nos dias de folga?
オ キ ヴォセー ファズ ノス ジアス ジ フォウガ

Quantos anos você tem?
クアントス アーノス ヴォセー テン

Quantos familiares você tem?
クアントス ファミリアーレス ヴォセー テン

① Facebookをやっているの？

② 友達申請をしたい。

③ LINEのIDを教えてくれる？

④ 写真をインスタグラムにアップしたよ。

⑤ YouTubeのひとりぼっちキャンプ動画がおもしろいよ。

⑥ Messengerのメッセージを読んでくれた？

⑦ ZoomかFaceTimeで話せる？

⑧ Zoomの招待メールを送ってもいい？

⑨ それをクリックするだけだよ。

⑩ Twitterをやっていますか？

⑪ インスタグラムで私をフォローして。

Você está no Facebook?
ヴォセー　エスター　ノ　フェイスブッキ

Eu quero enviar uma solicitação de amizade.
エウ　ケーロ　エンヴィーアル　ウーマ　ソリシタサウン　ジ
アミザージ

Qual seu ID do LINE?
クアウ　セウ　アイディ　ド　ライン

Eu postei uma foto no Instagram.
エウ　ポステイ　ウーマ　フォト　ノ　インスタグラム

Os vídeos de gente acampando sozinha no
YouTube são interessantes.
オス　ヴィデオス　ジ　ジェンチ　アカンパンド　ソジーニャ　ノ
ユートゥービ　サウン インテレサンテス

Você leu a mensagem do Messenger?
ヴォセー　レウ　ア　メンサージェン　ド　メッセンジャー

Você pode falar no Zoom ou no FaceTime?
ヴォセー　ポジ　ファラール　ノ　ズーム　オウ　ノ　フェイスタイム

Eu posso te enviar um convite do Zoom?
エウ　ポッソ　チ　エンヴィアール　ウン　コンヴィッチ　ド
ズーム

Basta clicar nele.
バスタ　クリカール　ネーリ

Você usa o Twitter?
ヴォセー　ウザ　オ　トゥイッター

Me segue no Instagram.
ミ　セギ　ノ　インスタグラム

① 居酒屋に行こう。

・・

② みんなで飲もう。

・・

③ あなたに会いたいです。

・・

④ いつが都合がいいですか？

・・

⑤ 好きですか？

・・

⑥ どこで会いましょうか？

・・

⑦ 何時に会いましょうか？

・・

⑧ どこに行きましょうか？

・・

⑨ どこに行きたいですか？

・・

⑩ いつ会えますか？

Vamos para o boteco.
ヴァモス　パラ　オ　ボテッコ

- -

Vamos beber juntos.
ヴァモス　ベベール　ジュントス

- -

Eu quero ver você.
エウ　ケーロ　ヴェール　ヴォセー

- -

Quando é conveniente?
クアンド　エー　コンヴェニエンチ

- -

Você gosta?
ヴォセー　ゴスタ

- -

Onde vamos nos encontrar?
オンジ　ヴァモス　ノス　エンコントラール

- -

A que horas vamos nos encontrar?
ア　キ　オーラス　ヴァモス　ノス　エンコントラール

- -

Para onde vamos?
パラ　オンジ　ヴァモス

- -

Para onde você quer ir?
パラ　オンジ　ヴォセー　ケール　イール

- -

Quando eu posso ver você?
クアンド　エウ　ポッソ　ヴェール　ヴォセー

① カラオケに行こう。

② 海に行こう。

③ あなたのメールアドレスを教えてください。

④ あなたの電話番号を教えてください。

⑤ あなたはとても美しいです。

⑥ あなたがとても好きです。

⑦ あなたを愛しています。

⑧ あなたが必要です。

⑨ 一緒に飲みませんか？

⑩ 一緒に夕食をとりませんか？

Vamos para o karaokê.
ヴァモス　パラ　オ　カラオケ

Vamos para a praia.
ヴァモス　パラ　ア　プライア

Você pode me dizer o seu endereço de e-mail.
ヴォセー　ポジ　ミ　ジゼール　オ　セウ　エンデレッソ　ジ
イーメーユ

Você pode me dizer o seu número de telefone.
ヴォセー　ポジ　ミ　ジゼール　オ　セウ　ヌメロ　ジ
テレフォネ

Você é muito bonita.
ヴォセー　エー　ムイント　ボニータ

Eu gosto muito de você.
エウ　ゴスト　ムイント　ジ　ヴォセー

Eu te amo.
エウ　チ　アモ

Eu preciso de você.
エウ　プレシゾ　ジ　ヴォセー

Vamos beber juntos?
ヴァモス　ベベール　ジュントス

Vamos jantar juntos?
ヴァモス　ジャンタール　ジュントス

① メニューをお願いします。

....

② フェイジョアーダを一つ、お願いします。

....

③ ローストチキンをお願いします。

....

④ 魚介の煮込みをお願いします。

....

⑤ ミックスシュラスコをお願いします。
　＊「ミックスシュラスコ」:牛肉、豚肉、鶏肉、ソーセージのグリル

....

⑥ サラダを食べたいのですが。

....

⑦ ブラジル料理が好きです。

....

⑧ デザートメニューをお願いします。

....

⑨ とてもおいしいです。

....

⑩ 今日は何がおすすめですか？

....

⑪ お勘定をお願いします。

Eu queria um cardápio, por favor.
エウ　ケリーア　ウン　カルダピオ　ポル　ファヴォール

Eu queria uma feijoada, por favor.
エウ　ケリーア　ウーマ　フェイジョアーダ　ポル　ファヴォール

Eu queria um galeto, por favor.
エウ　ケリーア　ウン　ガレット　ポル　ファヴォール

Eu queria uma moqueca, por favor.
エウ　ケリーア　ウーマ　モケッカ　ポル　ファヴォール

Eu queria um churrasco misto, por favor.
エウ　ケリーア　ウン　シュハスコ　ミスト　ポル　ファヴォール

Eu queria comer uma salada, por favor.
エウ　ケリーア　コメール　ウーマ　サラーダ　ポル　ファヴォール

Eu gosto da comida brasileira.
エウ　ゴスト　ダ　コミーダ　ブラジレイラ

Eu queria um cardápio de sobremesas,
por favor.
エウ　ケリーア　ウン　カルダピオ　ジ　ソブレメーザス
ポル　ファヴォール

Está muito gostosa.
エスター　ムイント　ゴストーザ

O que me recomenda hoje?
オ　キ　メ　ヘコメンダ　オージ

A conta, por favor.
ア　コンタ　ポル　ファヴォール

① 生ビールを一杯、お願いします。

② ブラジルの赤ワイン「ミオロ」がほしいのですが。

③ ブラジルの白ワイン「サルトン」がほしいのですが。

④ ブラジルのビール「ボエミア」がほしいのですが。

⑤ カイピリーニャがほしいのですが。

⑥ 炭酸入りのミネラルウォーターがほしいのですが。

⑦ 炭酸なしのミネラルウォーターがほしいのですが。

⑧ ガラナがほしいのですが。

⑨ パッションフルーツジュースがほしいのですが。

⑩ オレンジジュースがほしいのですが。

Eu queria um chope, por favor.
エウ　ケリーア　ウン　ショッピ　ポル　ファヴォール

Eu queria o vinho tinto brasileiro "Miolo",
por favor.
エウ　ケリーア　オ　ヴィーニョ　チント　ブラジレイロ　ミオロ
ポル　ファヴォール

Eu queria o vinho branco brasileiro
"Salton", por favor.
エウ　ケリーア　オ　ヴィーニョ　ブランコ　ブラジレイロ
サルトン　ポル　ファヴォール

Eu queria a cerveja brasileira "Bohemia",
por favor.
エウ　ケリーア　ア　セルヴェジャ　ブラジレイラ　ボエミア
ポル　ファヴォール

Eu queria uma caipirinha, por favor.
エウ　ケリーア　ウーマ　カイピリーニャ　ポル　ファヴォール

Eu queira uma água mineral com gás, por favor.
エウ　ケリーア　ウーマ　アグア　ミネラウ　コン　ガス　ポル　ファヴォール

Eu queria uma água mineral sem gás, por favor.
エウ　ケリーア　ウーマ　アグア　ミネラウ　セン　ガス　ポル　ファヴォール

Eu queria um guaraná, por favor.
エウ　ケリーア　ウン　ガラナー　ポル　ファヴォール

Eu queria um suco de maracujá, por favor.
エウ　ケリーア　ウン　スッコ　ジ　マラクジャー　ポル　ファヴォール

Eu queria um suco de laranja, por favor.
エウ　ケリーア　ウン　スッコ　ジ　ラランジャ　ポル　ファヴォール

① 料理はとてもおいしいです。

② 冷めています。

③ 熱いです。

④ 塩辛いです。

⑤ スパイシーです。

⑥ 甘いです。

⑦ 脂っこいです。

⑧ やわらかいです。

⑨ 硬いです。

⑩ 味が濃いです。

⑪ 激辛です。

A comida está muito gostosa.
ア コミーダ エスター ムイント ゴストーザ

Está fria.
エスター フリーア

Está quente.
エスター ケンチ

Está salgada.
エスター サウガーダ

Está picante.
エスター ピカンチ

Está doce.
エスター ドッシ

Está gordurosa.
エスター ゴルドゥローザ

Está macia.
エスター マシーア

Está dura.
エスター ドゥーラ

Está muito temperada.
エスター ムイント テンペラーダ

Está apimentado.
エスター アピメンタード

① ショッピングセンターはどこですか？

. . . .

② 紳士服<ruby>売<rt>う</rt></ruby>り<ruby>場<rt>ば</rt></ruby>はどこですか？

. . . .

③ 婦人服<ruby>売<rt>う</rt></ruby>り<ruby>場<rt>ば</rt></ruby>はどこですか？

. . . .

④ 男性用靴<ruby>売<rt>う</rt></ruby>り<ruby>場<rt>ば</rt></ruby>はどこですか？

. . . .

⑤ 女性用靴<ruby>売<rt>う</rt></ruby>り<ruby>場<rt>ば</rt></ruby>はどこですか？

. . . .

⑥ これのSサイズはありますか？

. . . .

⑦ これのMサイズはありますか？

. . . .

⑧ これのLサイズはありますか？

. . . .

⑨ クレジットカードで<ruby>払<rt>はら</rt></ruby>えますか？

. . . .

⑩ 領収書を<ruby>お願<rt>ねが</rt></ruby>いします。

Onde é o shopping center?
オンジ エー オ ショッピング センテール

Onde é a seção de roupas masculinas?
オンジ エー ア セサウン ジ ホウパス マスクリーナス

Onde é a seção de roupas femininas?
オンジ エー ア セサウン ジ ホウパス フェミニーナス

Onde é a seção de sapatos masculinos?
オンジ エー ア セサウン ジ サパートス マスクリーノス

Onde é a seção de sapatos femininos?
オンジ エー ア セサウン ジ サパートス フェミニーノス

Você tem o mesmo em P?
ヴォセー テン オ メズモ エン ペー

Você tem o mesmo em M?
ヴォセー テン オ メズモ エン エミ

Você tem o mesmo em G?
ヴォセー テン オ メズモ エン ジェー

Você aceita cartão de crédito?
ヴォセー アセイタ カルタウン ジ クレジト

Eu queria um recibo.
エウ ケリーア ウン ヘシーボ

① チェックインをしたいのですが。

② 部屋を替えたいのですが。

③ 現金で支払いたいのですが。

④ クレジットカードで支払いたいのですが。

⑤ もう1泊したいのですが。

⑥ 予定より早く発ちたいのですが。

⑦ 荷物を預けたいのですが。

⑧ カギをください。

⑨ 部屋につけてもらえますか？

⑩ チェックアウトしたいのですが。

Eu queria fazer o check-in.
エウ　ケリーア　ファゼール　オ　チェッキン

Eu queria trocar de quarto.
エウ　ケリーア　トロカール　ジ　クアルト

Eu queria pagar em dinheiro.
エウ　ケリーア　パガール　エン　ジニェイロ

Eu queria pagar com cartão de crédito.
エウ　ケリーア　パガール　コン　カルタウン　ジ　クレジト

Eu queria ficar mais um dia.
エウ　ケリーア　フィカール　マイズ　ウン　ジーア

Eu queria partir mais cedo do que o previsto.
エウ　ケリーア　パルチール　マイス　セード　ド　ケ　オ
プレヴィスト

Eu queria pedir para guardar as bagagens.
エウ　ケリーア　ペジール　パラ　グアルダール　アス
バガージェンス

Eu queria a chave.
エウ　ケリーア　ア　シャーヴィ

Você poderia incluir na conta?
ヴォセー　ポデリーア　インクルイール　ナ　コンタ

Eu queria fazer o check-out.
エウ　ケリーア　ファゼール　オ　チェッキアウト

① コルコバードの丘まで、どうやって行ったらいいですか？

② このあたりにお土産屋はありますか？

③ サッカーの試合を見に行きたいのですが。

④ サンバショーに行きたいのですが。

⑤ ボサノヴァの演奏を聴きたいのですが。

⑥ サンバのパレードを見たいのですが。

⑦ マラカナンスタジアムまでお願いします。

⑧ この住所までお願いします。

⑨ チケット1枚、お願いします。

⑩ ここは無料ですか？

⑪ ここは有料ですか？

Como eu posso ir até o Morro do Corcovado?
コモ　エウ　ポッソ　イール　アテー　オ　モーホ　ド
コルコヴァード

Tem uma loja de souvenir por aqui?
テン　ウーマ　ロージャ　ジ　スーヴェニール　ポル　アキー

Eu queria assistir à partida de futebol.
エウ　ケリーア　アシスチール　ア　パルチーダ　ジ　フチボウ

Eu queria ir ao show de samba.
エウ　ケリーア　イール　アオ　ショー　ジ　サンバ

Eu queria ouvir uma apresentação de Bossa Nova.
エウ　ケリーア　オウヴィール　ウーマ　アプレゼンタサウン
ジ　ボッサ　ノーヴァ

Eu queria assistir aos desfiles das escolas
de samba.
エウ　ケリーア　アシスチール　アオス　デスフィレス　ダス
エスコーラス　ジ　サンバ

Até o Estádio do Maracanã, por favor.
アテー　オ　エスタージオ　ド　マラカナン　ポル　ファヴォール

Até este endereço, por favor.
アテー　エスチ　エンデレッソ　ポル　ファヴォール

Um ingresso, por favor.
ウン　イングレッソ　ポル　ファヴォール

Aqui é gratuito?
アキー　エー　グラトゥイート

Aqui é pago?
アキー　エー　パーゴ

① お腹が痛いです。

② 胃が痛いです。

③ 頭が痛いです。

④ 気分が悪いです。

⑤ 胸が苦しいです。

⑥ 熱があります。

⑦ 食欲がありません。

⑧ 食べ物があたったかもしれません。

⑨ 病院に行きたいです。

⑩ 医者を呼んでもらえないでしょうか？

Eu estou com dor de barriga.
エウ　エストウ　コン　ドール　ジ　バヒーガ

Eu estou com dor de estômago.
エウ　エストウ　コン　ドール　ジ　エストマゴ

Eu estou com dor de cabeça.
エウ　エストウ　コン　ドール　ジ　カベッサ

Eu estou me sentindo mal.
エウ　エストウ　ミ　センチンド　マウ

Eu estou sem respiração.
エウ　エストウ　セン　ヘスピラサウン

Eu estou com febre.
エウ　エストウ　コン　フェブリ

Eu não tenho apetite.
エウ　ナウン　テーニョ　アペチチ

Eu acho que tive uma intoxicação.
エウ　アショ　キ　チヴィ　ウーマ　イントキシカサウン

Eu queria ir para o hospital.
エウ　ケリーア　イール　パラ　オ　オスピタウ

Você poderia chamar o médico, por favor?
ヴォセー　ポデリーア　シャマール　オ　メジコ　ポル　ファヴォール

7日目　——　会話　実践編

① クレジットカードをなくしました。

② パスポートをなくしました。

③ 財布をなくしました。

④ 助けて！

⑤ 道でひったくりにあいました。

⑥ 海岸でひったくりにあいました。

⑦ お金を盗まれました。

⑧ カギをなくしました。

⑨ 警察署はどこですか？

⑩ 警察を呼んで！

Eu perdi o cartão de crédito.
エウ　ペルジ　オ　カルタウン　ジ　クレジト

Eu perdi o passaporte.
エウ　ペルジ　オ　パサポルチ

Eu perdi a carteira.
エウ　ペルジ　ア　カルテイラ

Socorro!
ソコーホ

Me roubaram na rua.
ミ　ホウバーラン　ナ フーア

Me roubaram na praia.
ミ　ホウバーラン　ナ プライア

Me roubaram o dinheiro.
ミ　ホウバーラン　オ　ジニェイロ

Eu perdi a chave.
エウ　ペルジ　ア　シャーヴィ

Onde é a Delegacia de Polícia?
オンジ　エー　ア　デレガシア　ジ　ポリシア

Chame a polícia!
シャミ　ア　ポリシア

＜付録＞

基本単語

※ダウンロード音声は、ブラジル・サンパウロの発音です。
ヨーロッパのポルトガル語の単語は、ルビを主に参考に
してください。なお、180 ページの「おわりに」には、
ヨーロッパのポルトガル語などの詳細な音声教材を紹介
してあります。

名前 (なまえ)	nome ノーミ
年齢 (ねんれい)	idade イダージ
住所 (じゅうしょ)	endereço エンデレッソ
電話番号 (でんわばんごう)	número de telefone ヌメロ ジ テレフォネ
国籍 (こくせき)	nacionalidade ナショナリダージ
日本 (にほん)	Japão ジャパウン
日本語 (にほんご)	Japonês ジャポネス
ブラジル	Brasil ブラジウ
ポルトガル語 (ご)	Português ポルトゥゲース
独身 (どくしん)	solteiro〔男性〕 ソウテイロ solteira〔女性〕 ソウテイラ
結婚 (けっこん) している	casado〔男性〕 カザード casada〔女性〕 カザーダ
メールアドレス	endereço de e-mail エンデレッソ ジ イーメーユ

<ruby>父<rt>ちち</rt></ruby>	pai	パイ
<ruby>母<rt>はは</rt></ruby>	mãe	マンイ
<ruby>兄<rt>あに</rt></ruby>	irmão (mais velho) イルマウン（マイス　ヴェーリョ）	
<ruby>弟<rt>おとうと</rt></ruby>	irmão (mais novo) イルマウン（マイス　ノーヴォ）	
<ruby>姉<rt>あね</rt></ruby>	irmã (mais velha)	イルマン（マイス　ヴェーリャ）
<ruby>妹<rt>いもうと</rt></ruby>	irmã (mais nova)	イルマン（マイス　ノーヴァ）
<ruby>夫<rt>おっと</rt></ruby>	marido	マリード
<ruby>妻<rt>つま</rt></ruby>	esposa	エスポーザ
<ruby>息子<rt>むすこ</rt></ruby>	filho	フィーリョ
<ruby>娘<rt>むすめ</rt></ruby>	filha	フィーリャ
<ruby>両親<rt>りょうしん</rt></ruby>	pais	パイス
<ruby>家族<rt>かぞく</rt></ruby>	família	ファミーリア

お金 <ruby>かね<rt></rt></ruby>	dinheiro	ジニェイロ
紙幣	nota	ノータ
硬貨	moeda	モエーダ
小銭	trocado	トロカード
おつり	troco	トローコ
価格	preço	プレッソ
無料	gratuito	グラトゥイート
税金	imposto	インポスト
日本円	iene japonês	イエニ　ジャポネース
ブラジルレアル	real brasileiro	ヘアウ　ブラジレイロ
クレジットカード	cartão de crédito	カルタウン　ジ　クレジト
領収書	recibo	ヘシーボ

店 （みせ）	loja	ロージャ
スーパー マーケット	supermercado	スーペルメルカード
ショッピング センター	shopping center	シュッピング　センテール
レストラン	restaurante	ヘスタウランチ
カフェ	café	カフェー
食堂 （しょくどう）	refeitório	ヘフェイトーリオ
市場 （いちば）	mercado	メルカード
書店 （しょてん）	livraria	リヴラリーア
菓子店／喫茶店 （かしてん／きっさてん）	confeitaria	コンフェイタリーア
パン屋 （や）	padaria	パダリーア
靴屋 （くつや）	sapataria	サパタリーア

銀行（ぎんこう）	banco	バンコ
郵便局（ゆうびんきょく）	correio	コヘイオ
会社（かいしゃ）	companhia	コンパニーア
事務所（じむしょ）	escritório	エスクリトーリオ
学校（がっこう）	escola	エスコーラ
教会（きょうかい）	igreja	イグレージャ
美術館（びじゅつかん）	museu	ムゼウ
広場（ひろば）	praça	プラッサ
工場（こうじょう）	fábrica	ファブリカ
空港（くうこう）	aeroporto	アエロポルト

駅 <small>えき</small>	estação	エスタサウン
電車 <small>でんしゃ</small>	trem	トゥレン
地下鉄 <small>ち か てつ</small>	metrô	メトロー
バス	ônibus　〔ブラジル〕　　オニブス autocarro〔ポルトガル〕　アウトカーロ	
タクシー	táxi	タクシ
タクシー乗り場 <small>の　　ば</small>	ponto de táxi　　〔ブラジル〕 <small>ポント ジ タクシ</small> praça de táxi　　〔ポルトガル〕 <small>プラッサ デ タクシ</small>	
レンタカー	aluguel de carros	アルゲウ ジ カホス
自動車 <small>じ どうしゃ</small>	carro automóvel	カーホ アウトモーヴェウ
自転車 <small>じ てんしゃ</small>	bicicleta	ビシクレータ
オートバイ	motocicleta	モトシクレータ
ボート	barco	バルコ
船 <small>ふね</small>	navio	ナヴィーオ

身分証明書	identificação	イデンチフィカサウン
運転免許証	carteira de motorista〔ブラジル〕 カルテイラ　ジ　モトリスタ carta de condução　〔ポルトガル〕 カルタ　デ　コンドゥサウン	
カバン	mala	マーラ
リュック	mochila	モシーラ
財布	carteira	カルテイラ
傘	guarda-chuva	グアルダ　シューヴァ
腕時計	relógio	ヘロージオ
メガネ	óculos	オクロス
本	livro	リーヴロ
雑誌	revista	ヘヴィスタ
新聞	jornal	ジョルナウ
ペン	caneta	カネータ

<ruby>朝食<rt>ちょうしょく</rt></ruby>	café da manhã　〔ブラジル〕 カフェー　ダ　マニャン pequeno-almoço〔ポルトガル〕 ペケーノ　アルモッソ	
<ruby>昼食<rt>ちゅうしょく</rt></ruby>	almoço	アウモッソ
<ruby>夕食<rt>ゆうしょく</rt></ruby>	jantar	ジャンタール
メニュー	cardápio〔ブラジル〕 menu　〔ブラジル〕 ementa　〔ポルトガル〕	カルダピオ メヌー エメンタ
<ruby>料理<rt>りょうり</rt></ruby>	prato cozinha comida	プラート コジーニャ コミーダ
パン	pão	パウン
<ruby>米<rt>こめ</rt></ruby>	arroz	アホース
<ruby>食卓用<rt>しょくたくよう</rt></ruby> ナプキン	guardanapo	グアルダナポ
コップ	copo	コーポ
<ruby>茶碗<rt>ちゃわん</rt></ruby>	tijela	チジェーラ

155

卵 たまご	ovo	オーヴォ
ゆで卵 たまご	ovo cozido	オーヴォ　コジード
生卵 なまたまご	ovo cru	オーヴォ　クル
目玉焼き めだまや	ovo frito ovo estrelado	オーヴォ　フリート オーヴォ　エストレラード
スクランブルエッグ	ovo(s) mexido(s) オーヴォ（ス）　メシード（ス）	
野菜 やさい	legume〔根菜類〕 verdura〔葉っぱもの〕	レグーミ ヴェルドゥーラ
トマト	tomate	トマッチ
じゃがいも	batata	バタタ
なす	berinjela〔ブラジル〕 beringela〔ポルトガル〕	ベリンジェーラ ベリンジェーラ

肉（にく）	carne	カルニ
牛肉（ぎゅうにく）	carne bovina carne de vaca 〔ポルトガル〕	カルニ　ボヴィーナ カルネ　デ　ヴァカ
豚肉（ぶたにく）	carne de porco	カルニ　ジ　ポルコ
鶏肉（とりにく）	carne de frango	カルニ　ジ　フランゴ
魚（さかな）	peixe	ペイシ
エビ	camarão gamba	カマラウン ガンバ
伊勢エビ（いせエビ）	lagosta	ラゴスタ
カニ	caranguejo	カランゲージョ
イカ	lula	ルーラ

デザート	sobremesa	ソブレメーザ
アイスクリーム	sorvete	ソルヴェッチ
アサイ	açaí	アサイー
プリン	pudim	プティン
菓子	doce	ドッシ
ケーキ	bolo	ボーロ
クッキー	biscoito	ビスコイト
りんご	maçã	マサウン
オレンジ	laranja	ラランジャ
イチゴ	morango	モランゴ
フルーツサラダ	salada de frutas	サラーダ　ジ　フルータス
ヨーグルト	iogurte	イオグルチ
ココナッツ ジュース	água de coco	アグア　ジ　ココ

飲(の)み物(もの)	bebida ベビーダ
水(みず)	água アグア
ミネラルウォーター〔炭酸なし〕	água mineral sem gás アグア ミネラウ セン ガス
ミネラルウォーター〔炭酸入り〕	água mineral com gás アグア ミネラウ コン ガス
茶(ちゃ)	chá シャー
ミルク、牛乳(ぎゅうにゅう)	leite レイチ
コーヒー	café カフェー
ミルクコーヒー	café com leite カフェー コン レイチ
オレンジジュース	suco de laranja スコ ジ ラランジャ
パッションフルーツジュース	suco de maracujá スコ ジ マラクジャ
スイカジュース	suco de melancia スコ ジ メランシア
スープ	sopa ソッパ

アルコール飲料	bebida alcoólica licor ベビーダ　アウコオリカ　リコール
ワイン	vinho　　　　　　ヴィーニョ
赤ワイン	vinho tinto　　　ヴィーニョ　チント
白ワイン	vinho branco　　ヴィーニョ　ブランコ
スパークリング ワイン	vinho espumante　ヴィーニョ　エスプマンチ
ヴィーニョ ヴェルデ	vinho verde　　　ヴィーニョ　ヴェルジ
カクテル	coquetel　　　　コキテウ
カイピリーニャ 〔ブラジルの伝統カクテル〕	caipirinha　　　カイピリーニャ
カシャッサ	cachaça　　　　カシャッサ
ピンガ 〔サトウキビの蒸留酒〕	pinga　　　　　　ピンガ

ウイスキー	uísque	ウイスキ
ブランデー	conhaque	コニャキ
ビール	cerveja	セルヴェージャ
<ruby>生<rt>なま</rt></ruby>ビール	chope 〔ブラジル〕 imperial 〔ポルトガル〕 fino 〔ポルトガル〕 caneca 〔ポルトガル〕	ショッピ インペリアル フィーノ カネッカ
<ruby>缶<rt>かん</rt></ruby>ビール	cerveja enlatada	セルヴェージャ　エンラタダ
<ruby>瓶<rt>びん</rt></ruby>ビール	cerveja engarrafada セルヴェージャ　エンガハファーダ	
<ruby>日本酒<rt>にほんしゅ</rt></ruby>	sake	サケ

スプーン	colher	コリェール
はし	faca	ファーカ
フォーク	garfo	ガルフォ
はし	pauzinhos	パウジーニョス
<ruby>皿<rt>さら</rt></ruby>	prato	プラート
<ruby>塩<rt>しお</rt></ruby>	sal	サウ
コショウ	pimenta	ピメンタ
<ruby>砂糖<rt>さとう</rt></ruby>	açúcar	アスーカル
バター	manteiga	マンテイガ
<ruby>酢<rt>す</rt></ruby>	vinagre	ヴィナグリ
<ruby>油<rt>あぶら</rt></ruby>	óleo	オレオ
オリーブオイル	azeite	アゼイチ

ホテル	hotel	オテウ
フロント	recepção	ヘセピサウン
チェックイン	check-in	チェッキン
チェックアウト	check-out	チェッキアウト
カギ	chave	シャーヴィ
貴重品 （き ちょうひん）	objeto de valor オブジェット ジ ヴァロール	
シングルルーム	quarto de solteiro クアルト ジ ソウテイロ quarto com uma cama クアルト コン ウーマ カーマ	
ダブルルーム	quarto com duas camas クアルト コン ドゥアス カーマス	
エアコン	ar condicionado アール コンジショナード	
暖房 （だんぼう）	aquecimento	アケシメント
除湿機 （じょしつ き）	desumidificador	デズミジフィカドール
空気清浄機 （くう き せいじょう き）	filtro de ar	フィウトロ ジ アール

寝室 （しんしつ）	quarto	クアルト
ミニバー 〔小型冷蔵庫〕	frigobar	フリゴバール
ベッド	cama	カーマ
枕 （まくら）	travesseiro	トラヴェセイロ
毛布 （もうふ）	cobertor	コベルトール
シーツ	lençol	レンソウ
洗面台 （せんめんだい）	pia	ピア
風呂場 （ふろば）	banheiro	バニェイロ
鏡 （かがみ）	espelho	エスペーリョ
石けん （せっ）	sabonete	サボネッチ
タオル	toalha	トアーリャ
バスタオル	toalha de banho トアーリャ　ジ　バーニョ	
トイレット ペーパー	papel higiênico　パペウ　イジエニコ	

リビングルーム	sala	サーラ
ドア	porta	ポルタ
スイッチ	interruptor	インテフブトール
テレビ	televisão	テレヴィザウン
ソファー	sofá	ソファー
いす	cadeira	カデイラ
テーブル、机	mesa	メーザ
置時計	relógio de mesa	ヘロジオ　ジ　メーザ
電話	telefone	テレフォネ
タンス	cômoda	コモダ
窓	janela	ジャネーラ
カーテン	cortina	コルチーナ
ゴミ	lixo	リッショ
ゴミ箱	lata de lixo	ラタ　ジ　リッショ

台所 <small>だいどころ</small>	cozinha	コジーニャ
冷蔵庫 <small>れいぞうこ</small>	geladeira	ジェラデイラ
電子オーブンレンジ <small>でんし</small>	forno de microondas フォルノ　ジ　ミクロオンダス	
ガス	gás	ガス
水道水 <small>すいどうすい</small>	água de torneira アグア　ジ　トルネイラ	
水道管 <small>すいどうかん</small>	canalização de água カナリザサウン　ジ　アグア	
電気 <small>でんき</small>	eletricidade	エレトリシダージ
1階 <small>かい</small>	andar térreo　〔ブラジル〕 アンダール　テヘオ rés-do-chão　〔ポルトガル〕 レス　ド　シャウン	
2階 <small>かい</small>	primeiro andar	プリメイロ　アンダール
トイレ	banheiro〔ブラジル〕 バニェイロ casa de banho〔ポルトガル〕 カーザ　デ　バーニョ	
トイレットペーパー	papel higiênico	パペウ　イジエニコ

病院 びょういん	hospital	オスピタウ
医者 いしゃ	médico(a)	メジコ（カ）
看護士 かんごし	enfermeiro(a)	エンフェルメイロ（ラ）
検査 けんさ	exame	イザミ
手術 しゅじゅつ	cirurgia	シルルジーア
薬局 やっきょく	farmácia	ファルマーシア
薬 くすり	remédio medicamento	ヘメジオ メジカメント
食前 しょくぜん	antes das refeições アンテス　ダス　ヘフェイソンイス	
食後 しょくご	depois das refeições デポイス　ダス　ヘフェイソンイス	

病気 びょうき	doença	ドエンサ
インフルエンザ	gripe	グリッピ
肺炎 はいえん	pneumonia	プネウモニーア
肝炎 かんえん	hepatite	エパチッチ
デング熱 ねつ	dengue	テンギ
発疹 ほっしん	erupção cutânea	エルプサウン　クタネア
便秘 べんぴ	prisão de ventre プリザウン　ジ　ヴェントリ	
下痢 げり	diarréia	ジアヘイア

風邪 （かぜ）	resfriado	ヘスフリアード
熱 （ねつ）	febre	フェブリ
頭痛 （ずつう）	dor de cabeça	ドール　ジ　カベッサ
腹痛 （ふくつう）	dor de barriga	ドール　ジ　バヒーガ
胃薬 （いぐすり）	remédio para estômago ヘメジオ　パラ　エストーマゴ	
胃腸薬 （いちょうやく）	remédio para gastrointestinal ヘメジオ　パラ　ガストロインテスチナウ	
風邪薬 （かぜぐすり）	remédio para resfriado ヘメジオ　パラ　ヘスフリアード	
解熱剤 （げねつざい）	antipirético	アンチピレチコ
鎮痛剤 （ちんつうざい）	analgésico	アナウジェジコ

頭（あたま）	cabeça	カベッサ
のど（くび） 首	pescoço	ペスコーソ
のど	garganta	ガルガンタ
肩（かた）	ombro	オンブロ
背（せ）	costas	コスタス
胸（むね）	peito	ペイト
おなか	barriga	バヒーガ
腰（こし）	quadril	クアドリウ
腕（うで）	braço	ブラッソ
ひじ	cotovelo	コトヴェーロ
手（て）	mão	マウン
脚（あし）	perna	ペルナ
もも	coxa	コシャ
ひざ	joelho	ジョエーリョ
足（あし）	pé	ペー

顔 かお	rosto	ホスト
目 め	olho	オーリョ
耳 みみ	orelha	オレーリャ
鼻 はな	nariz	ナリース
口 くち	boca	ボーカ
歯 は	dente	デンチ
胃 い	estômago	エストーマゴ
心臓 しんぞう	coração	コラサウン
肝臓 かんぞう	fígado	フィガド
腎臓 じんぞう	rim	ヒン
小腸 しょうちょう	intestino delgado	インテスチーノ　デウガード
大腸 だいちょう	intestino grosso	インテスチーノ　グロッソ
ぼうこう	bexiga	ベシーガ

<ruby>海<rt>うみ</rt></ruby>	mar	マール
<ruby>山<rt>やま</rt></ruby>	montanha	モンターニャ
<ruby>川<rt>かわ</rt></ruby>	rio	ヒオ
<ruby>太陽<rt>たいよう</rt></ruby>	sol	ソウ
<ruby>月<rt>つき</rt></ruby>	lua	ルーア
<ruby>空<rt>そら</rt></ruby>	céu	セウ
<ruby>雨<rt>あめ</rt></ruby>	chuva	シューヴァ
<ruby>雷<rt>かみなり</rt></ruby>	trovão	トロヴァウン
<ruby>風<rt>かぜ</rt></ruby>	vento	ヴェント
<ruby>台風<rt>たいふう</rt></ruby>	furacão	フラカウン
	tufão	トゥファウン
<ruby>洪水<rt>こうずい</rt></ruby>	inundação	イヌンダサウン
	alagamento	アラガメント

トラブル	problema	プロブレーマ
事故 じ こ	acidente	アシデンチ
紛失 ふんしつ	perda	ペルダ
詐欺 さ ぎ	fraude	フラウジ
地震 じ しん	sismo terremoto	シズモ テヘモート
停電 ていでん	queda de energia ケーダ　ジ　エネルジーア corte de eletricidade コルチ　ジ　エレトリシダージ	
火事 か じ	fogo incêndio	フォーゴ インセンジオ
やけど	queimadura	ケイマドゥーラ
けが	ferida ferimento	フェリーダ フェリメント
血 ち	sangue	サンギ

事件 じけん	incidente caso	インシデンチ カーゾ
泥棒 どろぼう	ladrão〔男〕 ladra〔女〕	ラドラウン ラドラ
窃盗 せっとう	furto	フルト
強盗、盗難 ごうとう　とうなん	roubo	ホウボ
爆発 ばくはつ	explosão	エスプロザウン
ストライキ	greve	グレヴィ
クーデター	golpe de estado	ゴウピ　ジ　エスタード
テロ	terrorismo	テホリズモ
襲撃 しゅうげき	assalto	アサウト
戦争 せんそう	guerra	ゲーハ
緊急事態 きんきゅうじたい	estado de emergência エスタード　ジ　エメルジェンシア	

＜主な動詞の活用表＞

- ・現在形
- ・過去形
- ・半過去形
- ・近接未来

現在形 (「〜する」など)

●規則動詞

主　語	falar (話す) < ar 動詞 >	entender (理解する) < er 動詞 >	abrir (開ける) < ir 動詞 >
eu（私）	falo	entendo	abro
você（あなた） ele（彼） ela（彼女） a gente（私たち）	fala	entende	abre
nós（私たち）	falamos	entendemos	abrimos
vocês（あなたたち） eles（彼ら） elas（彼女ら）	falam	entendem	abrem

●不規則動詞

主　語	ser (〜である)	ter (持っている)	estar (〜である)
eu（私）	sou	tenho	estou
você（あなた） ele（彼） ela（彼女） a gente（私たち）	é	tem	está
nós（私たち）	somos	temos	estamos
vocês（あなたたち） eles（彼ら） elas（彼女ら）	são	têm	estão

過去形（「〜した」など）

●規則動詞　　　　　　　＜ ar 動詞＞　　＜ er 動詞＞　　＜ ir 動詞＞

主　語	falar （話す）	entender （理解する）	abrir （開ける）
eu（私）	falei	entendi	abri
você（あなた） ele（彼） ela（彼女） a gente（私たち）	falou	entendeu	abriu
nós（私たち）	falamos	entendemos	abrimos
vocês（あなたたち） eles（彼ら） elas（彼女ら）	falaram	entenderam	abriram

●不規則動詞

主　語	ser （〜である）	ter （持っている）	estar （〜である）
eu（私）	fui	tive	estive
você（あなた） ele（彼） ela（彼女） a gente（私たち）	foi	teve	esteve
nós（私たち）	fomos	tivemos	estivemos
vocês（あなたたち） eles（彼ら） elas（彼女ら）	foram	tiveram	estiveram

半過去形 （「～していた」など）

●規則動詞　　　　　　＜ ar 動詞＞　　＜ er 動詞＞　　＜ ir 動詞＞

主　語	falar （話す）	entender （理解する）	abrir （開ける）
eu（私）	falava	entendia	abria
você（あなた） ele（彼） ela（彼女） a gente（私たち）	falava	entendia	abria
nós（私たち）	falávamos	entendíamos	abríamos
vocês（あなたたち） eles（彼ら） elas（彼女ら）	falavam	entendiam	abriam

●不規則動詞

主　語	ser （～である）	ter （持っている）	estar （～である）
eu（私）	era	tinha	estava
você（あなた） ele（彼） ela（彼女） a gente（私たち）	era	tinha	estava
nós（私たち）	éramos	tínhamos	estávamos
vocês（あなたたち） eles（彼ら） elas（彼女ら）	eram	tinham	estavam

近接未来 (「〜するだろう」 など)

　会話では、未来を表すには近接未来の表現をよく使います。

　「動詞 ir の活用+動詞の原形（不定詞）」で「（現在から未来に向かって）〜するだろう」を表します。ir は主語にしたがって、下記のように vou, vai, vamos, vão と活用します。

　例えば動詞 partir は「出発する」という意味で、「ir の活用+ partir」で「出発するだろう」を表します。

例　「ir の活用 + partir〔動詞の原形〕」

主　語	「ir の活用+ partir」（出発するだろう）
eu（私）	vou partir
você（あなた） ele（彼） ela（彼女） a gente（私たち）	vai partir
nós（私たち）	vamos partir
vocês（あなたたち） eles（彼ら） elas（彼女ら）	vão partir

おわりに

　本書の本文執筆に際し、明日香出版社の『○○語が1週間でいとも簡単に話せるようになる本』のシリーズ（ベトナム語、フィリピン語など）、さらに以下の3冊を参照しました。

彌永史郎著『ポルトガル語動詞用法辞典 改訂版』（西東舎、2021年）
彌永史郎著『基礎ポルトガル語文法 改訂版』（西東舎、2020年）
浜岡究著『はじめてのポルトガル語』（講談社・現代新書、2010年）

　最後に、ヨーロッパのポルトガル語を紹介してほしいとの読者のコメントがネット上で見られることがあります。上記の邦語の3冊の他、浜岡究著『新版はじめてのポルトガル語』（明日香出版社）の冒頭の「ポルトガル語のヴァリアント」と巻末の「文法補遺」の他、本文でその都度説明してあります。

　ブラジルのポルトガル語（PB）とヨーロッパのポルトガル語（PE）の音声の違いに関する非常に詳細な教材として、彌永史郎・村松英理子著『改訂新版PCで学ぶポルトガル語の発音』（西東舎、2020年）と彌永史郎著『ポルトガル語発音ハンドブック』（大学書林、2005年）を紹介しておきますので、発展的な学習をしてください。

著者

浜岡究 （はまおか・きわむ）

目白大学外国語学部非常勤講師。
主な著書:『新版 はじめてのポルトガル語』『たったの72パターンでこんなに話せるポルトガル語会話』（以上、明日香出版社）他多数。

音声ダウンロード付き

ポルトガル語が1週間でいとも簡単に話せるようになる本

2021年 9月28日　初版発行
2024年 4月11日　第5刷発行

著者	浜岡究
発行者	石野栄一
発行	☴ 明日香出版社
	〒112-0005 東京都文京区水道2-11-5
	電話 03-5395-7650
	https://www.asuka-g.co.jp
印刷	株式会社フクイン
製本	根本製本株式会社

たったの 72 パターンで
こんなに話せる中国語会話

趙 怡華

「～はどう？」「～だといいね」など、決まった基本
パターンを使い回せば、中国語で言いたいことが言
えるようになります！　好評既刊の『72 パターン』
シリーズの基本文型をいかして、いろいろな会話表
現が学べます。

本体価格 1800 円＋税　B6 変型　〈216 ページ〉　2011/03 発行　978-4-7569-1448-4

たったの 72 パターンで
こんなに話せる韓国語会話

李 明姫

日常会話でよく使われる基本的なパターン（文型）
を使い回せば、韓国語で言いたいことが言えるよう
になります！　まず基本パターン（文型）を理解し、
あとは単語を入れ替えれば、いろいろな表現を使え
るようになります。

本体価格 1800 円＋税　B6 変型　〈216 ページ〉　2011/05 発行　978-4-7569-1461-3

たったの 72 パターンで
こんなに話せる台湾語会話

趙 怡華

「～したいです」「～をください」など、決まったパ
ターンを使いまわせば、台湾語は誰でも必ず話せる
ようになる！　これでもうフレーズ丸暗記の必要ナ
シ。言いたいことが何でも言えるようになります。

本体価格 1800 円＋税　B6 変型　〈224 ページ〉　2015/09 発行　978-4-7569-1794-2

たったの 72 パターンで
こんなに話せるポルトガル語会話

浜岡究

「〜はどう？」「〜だといいね」など、決まったパターンを使いまわせば、ポルトガル語は誰でも必ず話せるようになる！　これでもうフレーズ丸暗記の必要ナシ。この 72 パターンを覚えれば、言いたいことが何でも言えるようになります。

本体価格 1800 円＋税　B6 変型　〈224 ページ〉　2013/04 発行　978-4-7569-1620-4

たったの 72 パターンで
こんなに話せるフランス語会話

小林 知子
エリック・フィオー

「〜はどう？」「〜だといいね」など、決まったパターンを使いまわせば、フランス語は誰でも必ず話せるようになる！　これでもうフレーズ丸暗記の必要ナシ。この 72 パターンを覚えれば、言いたいことが何でも言えるようになります。

本体価格 1800 円＋税　B6 変型　〈224 ページ〉　2010/08 発行　978-4-7569-1403-3

たったの 72 パターンで
こんなに話せるスペイン語会話

欧米・アジア語学センター
フリオ・ルイス・ルイス

日常会話でよく使われる基本的なパターン（文型）を使い回せば、スペイン語で言いたいことが言えるようになります！　まず基本パターン（文型）を理解し、あとは単語を入れ替えれば、いろいろな表現を使えるようになります。

本体価格 1800 円＋税　B6 変型　〈224 ページ〉　2013/02 発行　978-4-7569-1611-2

 中国語会話フレーズブック

趙 怡華

日常生活で役立つ中国語の会話フレーズを2900収録。状況別・場面別に、よく使う会話表現を掲載。海外赴任・留学・旅行・出張で役立つ表現も掲載。あらゆるシーンに対応できる、会話表現集の決定版！

本体価格 2800 円＋税　B6 変型　〈468 ページ〉　2005/06 発行　978-4-7569-0886-5

 台湾語会話フレーズブック

趙怡華：著
陳豐惠：監修

好評既刊『はじめての台湾語』の著者が書いた、日常会話フレーズ集です。シンプルで実用的なフレーズを場面別・状況別にまとめました。前作と同様、台湾の公用語と現地語（親しい人同士）の両方の表現を掲載しています。様々なシーンで役立ちます。CD3 枚付き。

本体価格 2900 円＋税　B6 変型　〈424 ページ〉　2010/06 発行　978-4-7569-1391-3

ポルトガル語会話フレーズブック

カレイラ松崎順子／フレデリコ・カレイラ

日常生活で役立つ会話フレーズを約 2900 収録。状況別に、よく使う会話表現を掲載。海外赴任・留学・旅行・出張で役立つ表現も掲載。本書では、ブラジルのポルトガル語とヨーロッパのポルトガル語の両方の表現を掲載しています。

本体価格 2900 円＋税　B6 変型　〈336 ページ〉　2006/12 発行　978-4-7569-1032-5